Club der roten Dichter:innen 2021

STATTwerke e.V. (Hrsg.)

STATTwerke e.V. (Hrsg.)

Club der roten Dichter:innen

Gesammelte Werke 2021

Bibliografische Information der Deutschen Nationalbibliothek:
Die Deutsche Nationalbibliothek verzeichnet diese Publikation in
der Deutschen Nationalbibliografie; detaillierte bibliografische
Daten sind im Internet über http://dnb.dnb.de abrufbar.

Gefördert vom

im Rahmen des Bundesprogramms

Die Veröffentlichung stellt keine Meinungsäußerung des BMFSFJ
oder des BAFzA sowie des STATTwerke e.V. dar. Für inhaltliche
Aussagen tragen die Autorinnen und Autoren die Verantwortung.

Herstellung und Verlag: BoD – Books on Demand, Norderstedt

ISBN: 978-3-7557-3974-6

Inhalt

Vorwort

Liebe Leserinnen und Leser!

Mein Anliegen ist ausnahmsweise sehr ernst!

Sollten Sie dies lesen, dann halten Sie bitte Ausschau nach der Kunst! Sie ist farbenfroh und sticht gleich ins Auge. Sollten Sie sie antreffen, sagen Sie der Kunst bitte, dass sie bedroht wird und melden Sie sich bitte umgehend bei mir!

Ich bedanke mich im Voraus!

Die Literatur!

(Autorin: Ronja Fischer)

Der Club der roten Dichter:innen

Das Projekt "Club der roten Dichter" ist eine seit 2021 wöchentlich stattfindende Schreibwerkstatt für junge Erwachsene, in der wir uns mit der Literatur politisch Verfolgter auseinandersetzen. Besondere Beachtung finden dabei Werke jüdischer Autor*innen oder Texte, die der Bücherverbrennung zum Opfer fielen. Wir lesen und interpretieren diese und lassen uns von ihnen zu eigenen literarischen Werken wie zum Beispiel Gedichten, Poetry Slam Beiträgen oder Filmen inspirieren.

Das Projekt wird unter der Leitung der Medienpädagogin Claudia Brüggemann vom STATTwerke e.V. durchgeführt und gefördert vom Bundesministerium für Familie, Senioren, Frauen und Jugend im Rahmen des Bundesprogramms „Demokratie leben!".

Unsere Schreibwerkstatt findet jeden Donnerstag um 17.00 Uhr online statt. Interessierte Autor:innen sind herzlich eingeladen, mitzumachen. Weitere Infos: info@jim-stattwerke.de.

Texte, die mit einem Kamerasymbol gekenn-  zeichnet sind, wurden als Film umgesetzt und können unter vimeo.com/clubderrotendichter angesehen werden.

Claudia Brüggemann

<u>rechts und links</u>

lechts und rinks um deine augen liegen die wüsten deiner tage. rillen. krater. rechts und links und überall in den poren deiner wangen hängt schmutz. schluchz.
lechts und rinks laufen salzige bäche aus höhlen und schneiden die wüste in zwei: rechts und links – du musst dich vorm waschen auf lechts und rinks drehen und nicht in den trockner. tränenwäsche. handgetrocknet.
rechts und links meine fingerkuppen lechts und rinks um deine augen haut wie papier. es fehlt nicht mehr viel, dann bist du pergament rechts und links permanent seh ich lechts und rinks zweifel aufstieben aus deinen ohrn und rechts und links zischt aufgeregt süßer schweiß unter deinen armen hervor lechts und rinks deiner haut also eigentlich drüber und drunter liegen fleisch und luft, eine kluft rechts und links zwischen den rippen, also in der mitte, wo eigentlich dein herz schlagen sollte lechts und rinks deines herzraums sind knochen und sehnen rechts und links kammern, in denen vermächtnisse wohnen, süß und schwer wie lechts und rinks backpflaumen am backpflaumenbaum, zwischen dessen zweigen rechts und links deine jugend baumelt, die du vergessen hast lechts und rinks zusammenzuhalten, nur notdürftig rechts und links mit einer sicherheitsnadel kompass gespielt lechts und rinks verwechselt rechts und links gegangen, vergangen, verweht, jetzt gehst du lechts und ich rinks und ich treff dich im hier.

Schwarztotleer

Straßenzüge und Gedränge. Attraktion: Sterngesprenge.
Haut an Herz. Gejohle. Schmerz. Tränenschüsse nicht
erlaubt. Jeder denke, was er glaubt. Doch mahne nicht
sein Joch. Freiheit gibt es noch. Freiheit gibt's in rauen
Mengen. Wenn wir erst die Sterne sprengen.
Lichterschimmer nimmermehr. Und der Himmel
schwarztotleer.

10. Mai 1933: Alles schmeckt jetzt nach Rauch

Heute rollten die Köpfe. Köpfe sind brauchbarer leer. Leer sind die Herzen, die keine Worte haben. Doch Worte gibt es nicht mehr. Mich gibt es nicht mehr. Mehr gibt es nicht zu sagen. Sagen und Märchen sind Geschichte. Geschichten sind von Gestern. Gestern gab es noch Kunst. Kunst konnte alles. Doch alles schmeckt jetzt nach Rauch.

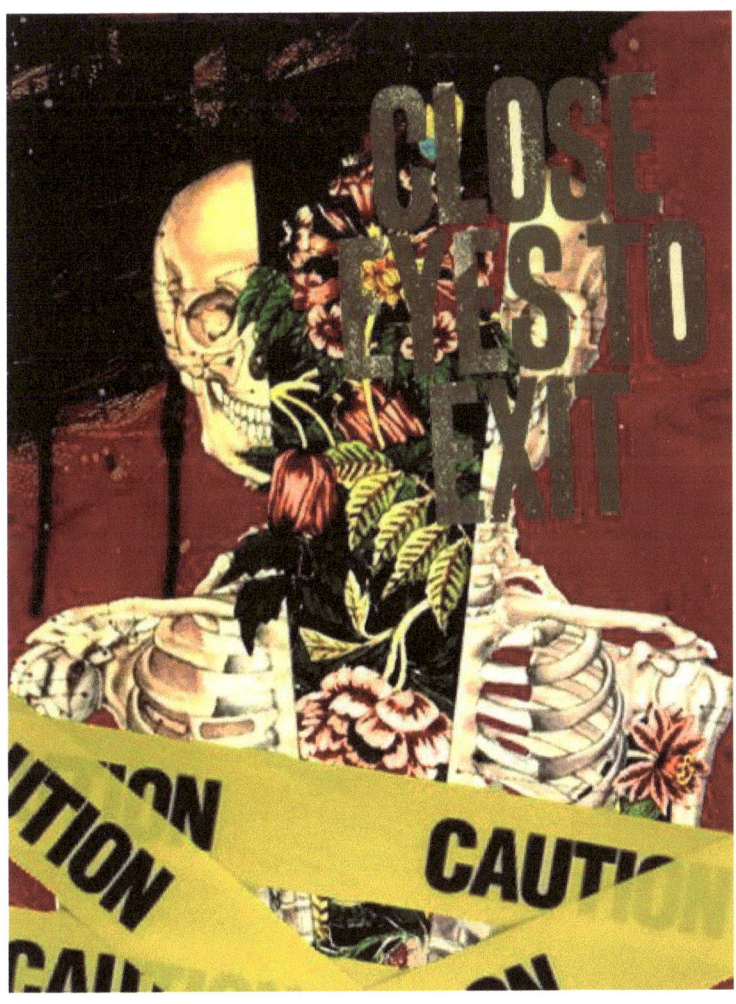

Clara Ehrke

Allein sein

Jeder kennt es, nur niemand würde es offen zugeben, allein zu sein. Doch es ist das Normalste der Welt, zumindest wenn man so darüber nachdenkt. Man ist doch ständig allein. Allein mit seinen Gedanken. Du kannst sie zwar anderen mitteilen, dennoch werden es immer deine Gedanken bleiben.

Alle sagen immer, dass man nie wirklich allein ist. Das stimmt sogar, wenn man sich auf die Tatsache bezieht, dass immer irgendwer in der Umgebung physisch anwesend ist. Aber dennoch kannst du in einer Gruppe von Leuten stehen, die du kennst und trotzdem allein sein. Zumindest trifft das immer häufiger auf mich zu. Ich bin nicht allein, ich bin einsam, in meiner Gestalt. Natürlich ist das auch teilweise meine eigene Schuld. Ich könnte auf Leute zugehen, sie ansprechen, Konversationen beginnen, doch ich will es nicht. Wenn ich mich mal dazu entschließen sollte, bekomme ich nur öfter das Gefühl einsam zu sein. Immer dieselbe Leier, dieselben Fragen, dieselben Themen. Ich könnte es ändern, doch wozu?

An solchen Punkten frage ich mich dann häufiger, ob ich vielleicht doch Hilfe brauche. Offen zugeben würde ich es nie. Es gibt doch genügend andere Leute, die es nötiger haben. Stimmt das? Klar gibt es immer Menschen, denen es schlechter geht als einem selbst. Aber ist es nicht verwerflich, sich immer an letzte Stelle zu stellen? Nein, für mich nicht, denn damit fühle ich mich wohler.

Ich sitze lieber einsam in einem Park und debattiere über das „Alleinsein". Denn hier auf der sonnigen Parkbank wird mich niemand fragen, ob es mir gut geht. Denn für sie bin ich nur eine junge Frau auf der sonnigen Parkbank an der Saale, die in ein kleines braunes Buch schreibt. Und sie sind für mich nur Passanten, die an mir vorüberziehen, Gespräche führen oder ihre Gedanken denken, wie ich es tue. Ich bin nicht mal eine Begegnung, wenige Sekunden in ihrem und wenige in meinem Leben. Nur wenige weitere Sekunden und sie werden mich vergessen haben. Hier kann ich einfach sitzen, schauen wie ich schaue ohne Angst zu haben, dass jemand meine Maske erkennt. Die Maske, die ich trage, um allen den Glauben zu geben, alles sei gut. Im nicht alleinigen, sondern nur einsamen Zustand würde ich diese nie absetzen. Denn täte ich das, kämen wieder Fragen über Fragen, Sorgen und andere Dinge.

Damals war ich nicht so. Ich war eine offene Persönlichkeit ohne Probleme Leute zu begeistern, anzusprechen oder gar kennenzulernen. Früher ist es mir nie schwergefallen Freunde zu finden. Aber jetzt kann ich es nicht mehr. Kann man so etwas verlernen? Wenn ja, trifft das auf mich zu. Ich habe verlernt Freunde zu finden. Mittlerweile beschleicht mich auch häufiger das Gefühl, dass ich zu der komischen Gestalt geworden bin, nur noch eine Hülle des Menschen, der ich früher mal gewesen bin. Die kleine Schwester, die immer sofort Kontakte knüpfte, gewichen einer Gestalt des Eigenartigen. Eine Gestalt, mit der niemand etwas zu tun haben wollte. Doch eins ist geblieben. Egal wie wenig Wert ich in anderen Augen hatte, auf meine Hilfe konnte man fast immer zählen. Denn das war mein Markenzeichen. Helfen konnte ich nun mal relativ gut, anders als andere Dinge. Müsste man Mittelmäßigkeit einer Person zuschreiben, wäre ich das. Das meine ich nicht negativ gegenüber mir selbst. Ich mag meine Mittelmäßigkeit, dennoch ist es nervig, wenn man für nichts gut genug ist. Besonders für andere Leute. Denn ich bin dann immer die stille, langweilige, uninteressante

Person, die plötzlich mit dabeistand und zuhört. Würde ich von meiner traurigen Geschichte erzählen, hätte ich einen Trumpf. Das Problem dabei ist nur, dass die meisten dann nur aus Mitleid bei mir bleiben und nicht, weil sich mich als Person schätzen. Also schweige ich über meine Vergangenheit und hoffe auch so, die Aufmerksamkeit der anderen länger als nur wenige Sekunden zu behalten. Und wer weiß, vielleicht bin ich dann irgendwann nicht mehr einsam und allein unter Leuten, sondern mit den Leuten einsam und allein in Gedanken und dennoch gemeinsam physisch und psychisch anwesend.

Vom Spähtruppboot zum Fetenschiff

Ein einsames Schiff treibt übers Meer. Durch die sonstige Stille des Meeres ist nur die Musik der Fete, welche auf dem Schiff steigt zu hören. Die Stille zerreißende Fete mit den bunten Leuten und verrückten Hüten. Mit Fischmotto. Vor kommt der Spähtrupp. Ein kleineres Boot. Leise treibend zum Fetenschiff. Auf dem Boote: Blaue Leute mit blauen Mützen unscheinbar auf dem Meer. Nur die Möwe hats gemerkt, denn sie schrie. Für sie kongruent, welche Hüte sie sah. Denn alle waren irgendwie gleich. Viele der bunten Hüte verschwunden. Zur Ruhe gegangen. Ab in die Butze. Die Fete vorbei, nur noch das Geschrei der Möwe, welche vor dem Spähtrupp warnt. Auch wenn beide Boote kongruent für sie sind. In der Spur bleibend, den Kurs achtend, fährt das Spähtruppboot zum Fetenschiff. Langsam geht der Spähtrupp vom Spähtruppboot aufs Fetenschiff, wo der, der die Fete schmiss, knollig vom Essen und Rum, in der Butze Rumkugeln naschend rumkugelt, um den Spähtrupp, welchen er trotz Rum und Fete vom Fetenschiff schon erspäht hatte, zu verwirren versuchte.

<u>Glück zu Leben?</u>

Da ist das pure Leben. Da in diesem Kind. Es hatte Glück gehabt, doch es weiß nicht warum. Glück, was soll das schon sein? Ist zu leben Glück? Fragt es sich. Dieses Kind. Es wundert über die Verbindung des Glückes zum Leben. Alle sagten ihm, dass es Glück gehabt hatte, überlebt zu haben. Doch worin dabei Glück lag, verstand es nicht. Es hatte alles verloren. Schmerz war das Einzige, was es verstand. Schmerz. Dieses wundervolle Gefühl von gleichbleibendem Schmerz, keine Hoffnung, kein Glück. Aber auch Wut und Hass wüteten in diesem Kind. Wut über die Welt. Hass auf das Glück zu Leben. Und Einsamkeit.
Würde es jemals verstehen, dass zu leben Glück bedeutet. Dass jeder Glück haben konnte. Es hatte oft Unterhaltungen mit dem Leben über Glück geführt. Glück. So ein eigenartiges Wort, hatte es gedacht.
Doch das Kind verband mit diesem Glück zu leben nicht viel Gutes. Es verband es mit Kälte. Aber auch Schmerz, Verlust und Angst. Es verstand nicht, warum es Glück war, dass es noch lebte. Warum kam dann diese Kälte? Es hatte doch Glück gehabt. Oder doch nicht? Die Kälte regierte nun über das Kind, welches sämtliche Verbindungen zum Leben und zum Glück verloren hatte. Es wollte, dass das Glück wegblieb. Dieses Glück hatte es verdorben. Denn in der Kälte fühlte sich jegliches Glück falsch an. Das Kind fühlte sich betrogen vom Leben und dem Glück, doch die Kälte tat Wahrheit kund. Sie versprach nichts. Sie war immer kalt. Auch der Schmerz wartete in der einsamen Kälte. Der alte vertraute Schmerz, hatte es zu mir gesagt, als es mir von dem Verlust und der Angst erzählt hatte.

Doch wie konnte man es von der Kälte und dem Gedanken, dass das Glück und das Leben negativ waren, retten? Wie sollte es jemals von der gleichbleibenden Kälte gerettet werden? Gab es überhaupt eine Rettung vor der Kälte? War die Kälte nicht das Äußerste? Bedeutete die glücklose Kälte das Ende? Es wurde gerettet.

Das Kind. Gerettet von weiser Voraussicht. Denn es lernte sich gegen die Kälte abzuschotten. Dem Schmerz sagte es Lebewohl, doch ob es für immer sein würde, wusste es nicht. Es war ein weiser Schritt gewesen. Denn hätte das Kind die Überzeugung des Glückes missen müssen, wäre es vollständig der Kälte und dem Schmerz verfallen. Nach kurzer Zeit zurück beim Glück, lernte es wie schön Glück war. Das Kind fing an nach dem Glück zu hungern. Dieser Hunger führte dazu, dass das Kind sich schlussendlich durch Glückes Spiel vom Leben abwandte und zurück in die einsame Kälte ging. Diesmal war keine Rettung in Sicht. Da ging es zu dem alten, weisen Mann, der nach dem Leben hungerte und blieb dort. Für die Ewigkeit. Da lernte es, warum es Glück war. Glück zu Leben.

Noch einmal Kind sein

Einmal noch Kind sein, dachte ich mir. Man glaubt oft nicht, was ein paar Jahre machen. Doch dennoch fühle ich mich in meiner Rolle des Erwachsenen nicht wohl. Die Kindheit. Als Kind wollte man immer groß werden. Doch jetzt. Jetzt wo es so weit ist, will ich nicht mehr älter werden. Vielleicht lag es an dir. Ich werde älter, doch du nicht. Wir haben viel gemeinsam gemacht. Filme geschaut, sind ausgeritten, auch gelegentlich mal gestritten, Dinge geteilt, wie die heißen Fritten, doch jetzt entfernst du dich immer weiter mit großen Schritten. Das alles ist vorbei ... Es ist zum Lachen! Denn ich habe geschworen, nicht mehr zu weinen. Ich habe genug Zeit meiner Kindheit mit Weinen verbracht. Das hast du mir ständig gesagt. Sei nicht so erwachsen. Ach was würde ich nur dafür tun. Noch einmal. Nur einmal Kind sein. Mit dir. Ich war schon sechs, als ich noch immer dachte, dass, wenn die Kriege aus sind, Frieden sei. Doch unsere Kriege reichten bis zum Schluss. Wenn nicht mit den Schleichtieren, dann im echten Leben. Immer haben wir uns gestritten und fast immer auch versöhnt. Nur das eine Mal nicht. Ich bereue es. Nie hab ich mich entschuldigen können. Jetzt plagen mich die Gedanken, warum zum Teufel hatte ich mich nicht entschuldigt. Das letzte, was ich zu dir sagte, war: „Ich hasse dich". Doch meinen tat ich es nicht.

Gar wenig hinterließ ich dir: Mein klopfend Herz vor deiner Tür, Die Fußspur rot im Schnee.

Verloren seit dem Moment

Ich bin verloren seit dem Moment.

Ich bin verloren seit der Sekunde, in der man mir sagte, dass du fortgegangen warst.

Ich bin verloren schon seit Stunden, verloren seit dem Moment.

Ich bin verloren, doch dennoch noch für ihn da. Allein gelassen hast du uns. Uns und unsere Gedanken.

Ich bin verloren schon seit Tagen, verloren seit dem Moment.

Ich bin verloren, seit du weggegangen bist. Allein gelassen hast du mich. Zurückgelassen. Hier ganz allein.

Ich bin verloren schon seit Wochen, verloren seit dem Moment.

Ich bin verloren, vernachlässigt, vereinsamt. Verloren, seit du gegangen bist.

Ich bin verloren schon seit Monaten, verloren seit dem Moment.
Ich bin verloren in der Dunkelheit am Ende des Tages, denkend durch die Gedanken, dass du gegangen bist, suchend.
Ich bin verloren schon seit Jahren, verloren seit dem Moment.
Ich bin verloren denn die Dunkelheit der gedachten Gedanken dominiert das Gedenke, das ich dösend denke.

Lass es brennen, Darling

Was wäre, wenn die ganze Welt brennen würde?
Die ganze Welt, nicht nur ein Haus, ein Baum, ein Wald, nein, die ganze Erde.
Und mein Herz wäre Feuer und Flamme mit dem Gedanken, die ganze Welt der Hoffnung niederzubrennen. Alles brennen zu sehen. Endlich wieder den Schmerz zu fühlen. Es würde Asche regnen. Doch ich würde den Regenschirm aufspannen, abschirmen vor der Hitze in mir drin, würde er mich zwar nicht. Aber trotzdem habe ich Sehnsucht nach dem Brennen, dem Stich in meinem Herzen und das Feuer würde nicht nur die Welt verbrennen und alles was darauf ist. Alles, jedes Buch, jede Schweinschwarte, jede Blume, jede Straße, die Hirne der Leute, ja sogar deren Kackhaufen. Doch was wäre, wenn ich es schaffen würde, dass die Zeit selbst brannte? Dann wäre Stille im Universum das geringste Problem. Ich würde Zeit suchen und wenn Zeit dann gekommen wäre, hätte ich das Feuer meines Herzens, in Wörter gefasst und Zeit gegeben. Zeit wäre verwirrt und dann würde Zeit wie alles andere brennen.

Wenn das getan wäre und der Staub sich legen würde,
wäre da nur ich und die endlose Einsamkeit. Ich würde
lächeln, mein Kaugummi kauen und Lucifer die Hölle
überlassen.

Peinlichkeit?

Peinlich berührt.
Vom Gefühl verführt,
dieses peinlich berührt.
Was soll das schon sein?
Ist nicht jeder mal peinlich?
„Oh nein, meine peinlichen Eltern!"
Ne, tatsächlich nicht.

Peinlich, was soll das schon sein?
Jeder ist mal hingefallen.
Jeder hat mal abgewürgt.
Jeder musste mal was fragen.
Doch trotzdem kommt dann das Gefühl,
„Peinlich, dass der das nicht weiß"
Hört man es tuscheln
Doch mit Sicherheit
bist du nicht allein.

Peinlich, was soll das schon sein?
Am Ende schert sich niemand um Peinlichkeit
Vielleicht war es peinlich wen anzuquatschen,
wie die Leute, die für Hilfsorganisationen quatschen
heute Greenpeace morgen CRAG
und übermorgen sind sie weg.
Doch zurück zum Thema,
die werden dich immer anquatschen,
volllabern, stumm reden,

denn die Peinlichkeit hält nicht für die Ewigkeit.
Fünf Minuten höchstens,
dann vergessen sie dein Gesicht,
Peinlichkeit interessiert die einfach nicht.

Peinlich, was soll das schon sein?
Meist nur ein kurzer Moment.
Doch wenn man erwachsen wird,
ist das dann noch peinlich?
Kann man dann noch peinlich sein?
Bestimmt, doch peinlich,
Was soll das schon sein
Nur ein Gefühl
davon gibt´s viel.
Entscheidend ist nur, was du draus machst.
Ist´s dir peinlich
Scheiß egal
Leb dein Leben
Lass die Peinlichkeit links liegen
Und grins in dich hinein.
Denn die Peinlichkeit hält definitiv nicht für die Ewigkeit.

<u>Warum ist der Himmel oben und die Erde unten?</u>

Der Himmel ist oben, weil die fliegenden Träume ihren Platz brauchen, um sich auszufalten und zu gedeihen. Die Erde im Gegensatz dazu ist sehr bodenständig und weiß, was sie will.

<u>Wer ist Gott?</u>

Gott ist nichts und alles. Er sieht dich. Zumindest sagen sie das. Doch ich zweifle daran. Denn Gott wird niemand Gutes sein, wenn er die falschen Menschen bestraft, während er andere machen lässt. Gott kann doch jeder sein. Vielleicht sogar niemand. Denn gäbe es einen Gott, wäre dann so viel Unrecht auf diesem Planeten?

<u>Woher kommen die Tränen?</u>

Tränen sind Erinnerungen, die ausbrechen wollen, aus diesen furchtbaren Denkweisen, stark sein zu müssen.

Ronja Fischer

<u>An mein Kind</u>

Du bist die Liebe meines Lebens
Ein Blinddate sozusagen.
Bei dem kann ich schon ohne zu fragen sagen:
Du bist die Liebe meines Lebens
Mein großes Glück,
Mein Stern am finsteren Abendhimmel.

<u>Briefe einer Versfabrik</u>

Briefe einer Versfabrik,
fast zerfallen.
Endliche Unendlichkeit von Freunden
Von Liebenden!
Hunderttausende Wunden [r] beisammen
Sie wirbeln wie Winde im All!

<u>Bücher</u>

Kleine Welten
Zensiert, verbrannt, verstoßen
Asche rieselt seicht hinab
Vernichtung

<u>Bücherverbrennung ist wie...</u>

... wenn alle Sterne vom Himmel verschwinden würden.
... wenn der Ausblick aus dem Fenster nur eine kahle,
dunkle, graue Fassade zeigt.

... wenn man die ganze Zeit lang in die falsche Richtung läuft – man kommt nie ans Ziel.

... wenn man sich einen Pappkarton über den Kopf stülpt und kein Licht mehr sieht.

... wenn die eine Tür zugeht, sich aber keine andere öffnet.

... eine kläglich mauzende Katze, die nicht aufhört. Einfach herzzerreißend.

... wenn alle Blüten auf dem See verschwinden würden – trist, langweilig und grau.

... wenn ein Glas auf den Boden fällt – die Risse kann man nie wieder flicken und die Scherben nur schwer wieder so zusammenfügen, wie sie einmal waren.

... wenn eine Rose all ihre Blüten verliert - zurück bleiben nur Dornen.

Das Karussell

Von Tag zu Tag
Quält er sich mit den gleichen Sorgen
Die Ehrfurcht vorm Leben
Die Angst vorm Tod

Von Tag zu Tag
schleppt er sich zur Arbeit
konfrontiert mit der Vergänglichkeit
unausweichlich scheint der Tod

Von Tag zu Tag
Sucht er vergeblich nach der Antwort
Hoffnungslosigkeit erfüllt ihn
keine Akzeptanz vom Tod

Sein Leben – wie ein Karussell

Viel zu schnell, viel zu grell
Um klar zu sehn
All die Mittel keine Lösung
Nur Verdrängung, nicht Erkennung vom Problem

Doch diese Fahrt hat bald ein Ende
Die Welt hört auf sich zu dreh'n
Sie beginnt nun still zu steh'n
Und die Antwort fast so grell und klar
Nur so viel mehr als wunderbar
Als die Fahrt im Schaugestell
Im Karussell

Von Tag zu Tag
Die Antwort lag schon immer da
An der selben Stelle, unberührt
Unangetastet im Trubel des Lebens
Bedeckt mit einer Schicht aus Staub

Auf seinem Nachttisch
Wahrscheinlich einfach viel zu deutlich
Wie der Wald bei lauter Bäumen

Auf den Seiten steht's geschrieben
Er sprach schon lange vor uns
Mit seinen Worten an uns
„Gottes Licht scheint in der Dunkelheit.
Und so dunkel es auch […] ist
Dieses Licht erlisch[e]t nicht.

Und da war ihm alles klar
Dass der Tod zwar unumgänglich
Aber das Leben nie vergänglich
Denn er ist für uns gegangen

Drum müssen wir nie wieder bangen

Sind nicht gefangen, sondern erlöst
All die Sorgen - nun vergangen!

Der Pappkarton

Und auf einmal
So von jetzt auf gleich kommt da jemand
Er kommt und stülpt dir einen Karton über den Kopf
Einen Pappkarton
Und es wird dunkel
Unglaublich dunkel und finster
Das, was deine kleine Welt ausmachte, personalisierte, perfektionierte
Einfach weg
Für immer weg von jetzt auf gleich
All die Farben
All das Leben und das Licht
Er hat es dir genommen
Einfach weggenommen und ausgetauscht
Ausgetauscht gegen Leere
Dunkle, einsame Leere in diesem Pappkarton

Aber stell dich doch nicht so an
Es ist ein Pappkarton
Den setzt du einfach wieder ab

Ja, den Pappkarton, den nehme ich einfach wieder runter
Aber meinst du wirklich, meine Welt ist so jetzt wieder bunter?

Die himmlische Sehnsucht

Die himmlische Sehnsucht
Das Kind ganz beschwingt
Verborgen, verschwunden
Nimmer zurück

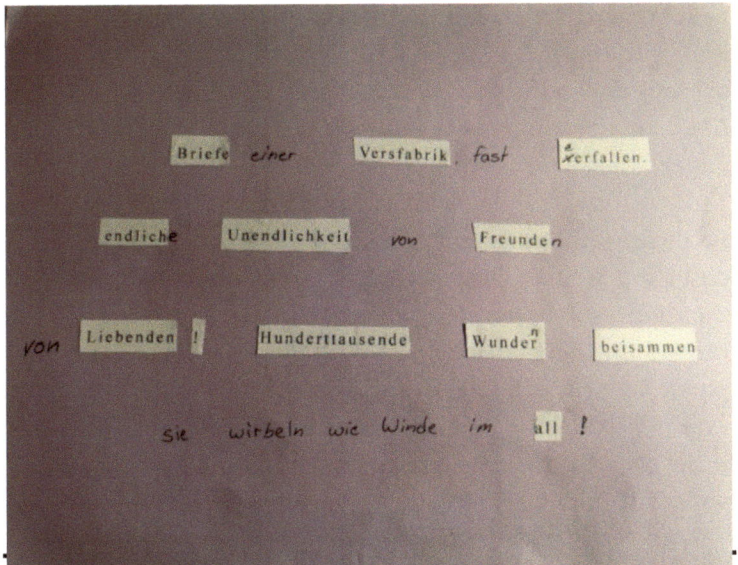

Die kleine Matilda

Meine Mama liest mir jeden Abend eine tolle Geschichte aus einem Buch vor. Weißt du, ich hätte auch gerne ein Buch über mich. Dann wär' ich nämlich auch genauso cool wie der Ritter aus der Geschichte von gerade eben. Ja, das wäre doch echt famos, oder? Aber dann müsste auch Teddy mitspielen, denn Teddy ist mein allerliebster Freund. Stell dir das mal vor „Die mutige Matilda und der tapfere Teddy auf monsterlicher Monsterjagd", das wäre ein Buch, das Mama mir jeden Abend mindestens eine

Millionen Mal vorlesen müsste. Ach, das habe ich dir ja noch gar nicht erzählt! Ich habe ein Monster unter meinem Bett, also so ein richtig echtes, gruseliges und furchteinflößendes. Und weil ich so mutig bin, bleibe ich jetzt immer die ganze Nacht wach, ich muss ja Teddy beschützen, der ist nämlich doch nicht ganz so tapfer, wie ich behauptet habe. Mama würde jetzt bestimmt schimpfen, wenn sie wüsste, dass ich geflunkert habe!

Aber zurück zu meinem famosen Buch, das wäre doch super klasse toll, wenn man dann ganz vorne meinen Teddy und mich sehen würde und meine mega süße Schleife, die Mama mir immer in die Haare macht, dazu dann die kleinen blonden Löckchen... Das Buch würdest du doch sofort kaufen, oder? Und dann könnten alle Kinder auf der ganzen großen Welt hören, wie tapfer ich bin und wie ich zusammen mit meinem allerliebsten Freund Teddy das monsterliche Monster besiegt habe. Das wäre toll! Und die Mama wäre bestimmt auch reichlich stolz auf mich und würde nicht mehr meckern, weil ich nachts nicht schlafe. „Die mutige Matilda und der tapfere Teddy auf... monsterlicher... Monsterjagd...."

Und „Zack" war die kleine, mutige Matilda eingeschlafen. Schlaf gut kleine, mutige Matilda und träum was Schönes!

Trübsal

Grau, trist
Umgeben von Dunkelheit
Alle Hoffnung ist erloschen?!
Hoffnungsschimmer

<u>Stell dir einmal vor, du kannst nichts sehen.</u>

Nichts nicht im Sinne von gar nichts.
Nichts im Sinne von allem, aber irgendwie auch nicht.
Siehst du den Baum dort drüben?
Der ist grau!
Siehst du das Haus dort drüben?
Das ist grau!
Grau mit einem Hauch von Schwarz.
Siehst du, was ich meine?
„Nichts" ist eigentlich wie alles nur eben ohne Leben, ohne Farbe, ohne jeglich' frohen Ton.

Nun stell dir einmal vor, du kannst alles sehen.
Alles im Sinne von ALLEM.
Siehst du den Baum dort drüben?
Der ist ganz gewaltig farbenfroh!
Der ist grün.... Und braun... und rot und kunterbunt!
Siehst du das Haus dort drüben?
Das ist ganz gewaltig farbenfroh!
Das ist rot... und grün.... und braun und kunterbunt!
Siehst du, was ich meine?
„Alles" ist eigentlich wie „Nichts" nur eben mit Emotion.
„Alles" ist eigentlich wie "Nichts" nur eben mit Leben, mit Farbe und überall klingt ein froher Ton!

Und so ist das mit der Poesie!
Alles und Nichts liegt nah beieinander
Zwischen ihnen - nur ein Hauch voll glitzernder Magie!
Die Poesie ist ein Zauberer, Magier, Meister als Lebenswandler!

Und das Leben, das liegt ganz allein in deiner Hand.

Ob Alles nur eben ohne Euphorie, wie ein Bild direkt aus
der Radiologie!
Oder das Leben gewandelt vom Meister der Worte,
geprägt durch Zeilen, die in unseren Herzen verweilen
voll mit Werken, die verzaubern
Geschichten, die dich in eine neue Welt treiben

Der Zugang - fast verborgen
Nur erreichbar durch diese kleine Pforte
Geformt aus tausenden, wunderschönen Worten
Der Poesie!

Ein Tag im Leben von Lou (Nur einen Sommer lang)

Mein Name ist Lou und mein Leben ist bis zum Rand
vollgestopft bis zum Rand, ungefähr genau so wie wenn
man versucht, die letzte Hose noch in die Waschmaschine
zu quetschen, aber die gab es ja zu meiner Zeit noch nicht.
Das wäre ja auch zu einfach gewesen. Aber zumindest ist
mein Alltag nicht so öde und langweilig wie der von den
durchschnittlichen 17-Jährigen heutzutage.
Mein Morgen beginnt mit dem Frühstückmachen für drei
ausgehungerte Bären, dann wartet noch ein Berg voll
Wäsche, der dem Mount Everest gleicht, auf mich, der
Boden muss gewischt werden, die Gartenarbeiten macht
sich auch nicht von allein und nebenbei bin ich auch noch
Vollzeit angestellte Ziehmutter. Sollte ich neben all der
Arbeit noch eine Sekunde übrig haben, nutze ich diese am
besten, um einmal kurz Luft zu holen.

Erwachsen werden

Was ist erwachsen werden?
Er-wachsen
Oder ge-wachsen?
Ich wachse
Ich wachse in neue Situationen hinein
Ich wachse, werde größer

Wie eine Pflanze, die man täglich gießt
Ihr zusieht, wie sie wächst
Bis sie irgendwann allein' zwischen all dem Unkraut
überleben kann,
gewachsen ist der Situation
Aber dieses Unkraut, das Unkraut, das ist fies, mies und
vor allem aggressiv!
Es breitet sich aus,
übermannt dich
Vertreibt dich
Und sorgt dafür, dass du vergehst
Dass es dir vergeht, das Erwachsensein
Erwachsen werden, Gewachsen-sein

Ist das alles?
Alles, was das Erwachsensein ist?
Das, was man die ganze Kindheit lang, beim
Puppenspielen so sehr herbeisehnt?
Ist das DAS Erwachsensein?
Doch wenn nicht, was ist es denn dann, das
Erwachsensein?
Er-wachsen
Oder er-wachen?
Ich erwache,
wache auf aus einem Traum

der Traum ist vorbei und die Realität beginnt?!
Erwachen und das Zerplatzen einer, deiner ganz
persönlichen Traumblase.
Der harte Aufprall auf dem Boden der Realität
Schmerz,
Reue,
Verzweiflung
Allein?

Ist das alles?
Alles, was das Erwachsensein ist?
Das, was man die ganze Kindheit lang, beim
Puppenspielen so sehr herbeisehnt?
Ist das DAS Erwachsensein?
Erwachsen werden, Erwacht sein?

Vielleicht ist es noch so viel mehr
Viel mehr als die Vertreibung durch Unkraut
und als das Platzen von Träumen in Blasen

Es ist doch viel mehr die Freiheit außerhalb der Blase,
der weite Blick in die Ferne,
wenn die Blüte über die Mauer gewachsen ist.
Das Gefühl von
Freiheit,
Schwerlosigkeit,
Uneingeschränktheit
Fliegen
Dir wachsen Flügel
Flügel, die dich tragen
In die ganze, große, weite Welt,
die für dich weit geöffnete Arme bereit und dich für das
Größte hält

Du darfst dich nur nicht vom Unkraut vertreiben und vom Boden erschlagen lassen.
Denn dann ist das Erwachsensein, Erwachsenwerden kein harter Aufprall auf den Boden der Realität oder das Platzen von Träumen in Blasen
Es ist das schwerelose Fliegen
Und eine vollkommen offene und unbeschwerte Welt.

Das Erwachsensein, das ist dem ERWACHEN GEWACHSEN sein!
Es ist genauso wie das

Atmen ist wie wütend sein.

Weil alles, was man in sich aufnimmt, kommt früher oder später mit geballter Kraft wieder aus dem Körper hinaus

Jauchzen ist wie traurig sein

Nur eben anders rum. Denn alle Gefühle, die du beim Jauchzen in die Welt rufst, frisst du ganz heimlich und leise beim Traurigsein in dich hinein.

Tapezieren ist wie gelangweilt sein.

Du machst immer das gleiche, Bahn um Bahn, Tag um Tag.

Fliegen ist wie verliebt sein.

Es ist ein Gefühl von Schwerelosigkeit und du spürst die ganze Zeit ein leichtes Kribbeln im Bauch.

Die Schönheit dieser Welt

Ich habe zwei Hände.
Die eine Hand sitzt am linken
Und die andere am rechten Arm.
Mit den Händen bau' ich.
Ich baue eine große Burg,
ein Schloss, ein Palast.
Riesengroß und wunderschön.
Doch auch meine Burg, mein Schloss, mein Palast
Bleibt nur bis zum nächsten großen Regen steh'n,
denn all die Schönheit dieser Welt wird irgendwann
vergeh'n.

Mit den Händen fühl' ich,
ich fühle den seichten regen und die Tropfen,
 die ganz vorsichtig meine Fingerspitzen berühr'n.

Mit den Händen zeig' ich,
ich zeige dir die Schönheit dieser Welt,
aber du darfst nie vergessen,
dass auch die schönste Schönheit irgendwann verwelkt.

Denn die Welt, die dreht sich weiter!
Jeden Tag zu jeder Zeit.
Sie dreht sich weiter und wird verändert durch die Zeit.

Und auch ich,
ich gehe weiter
immer weiter hoch hinaus.
Ich lass all den Regen, all den Trübsal und den Staub nicht
mit hinauf.
Denn ich muss weiter,
dem Horizont entgegen

wo die große breite Weite auf mich wartet und mit lauter
Glück entgegennimmt.

Ja Glück ist, was ich suche.
Glück und das Gefühl von Geborgenheit.
Glück und das Gefühl von Liebe.
Glück als Heimat und als Ort.
Ein Ort so ganz ohne Regen, ohne Trübsal, ohne Staub.
Voll gefüllt mit warmer Liebe,
wie ein Kuchen mit heißem Kern.
Wie eine Rose, so vollkommen, wunderschön.

Ja, eine Rose müsst' man sein.
Man nimmt den Regen zum gedeih 'n,
nicht den Regen als Trübsal oder Staub.
Als eine Möglichkeit für Neues,
für Neues und fürs weiter komm'.
Welch eine wundervolle Gabe.
Ich nehme das, was mich erdrückt als Windkraft und als
Energie.

Knollig

Was ist knollig?
Knollig ist vielleicht etwas Kleines, Rundes
Eventuell ein bisschen dicker als der Durchschnitt
Viel auf engen Raum verpackt
Niedlich
Knollig – allein das Wort ist sehr niedlich

Vielleicht ist auch eine Butze knollig
Relativ klein
Möglicherweise etwas breiter als der Durchschnitt

Die Menschen dort drin auf wenig Raum ganz eng verpackt
Innige Nähe und der Atem des Menschen hinter dir in
deinem Nacken

Wie auf einer Fete
Eine große Party, viele Menschen auf engem Raum
Etwas größer als ein Fest
Alle drängeln, schubsen, schieben
Alles andere als niedlich
Doch auch hier spürst du den warmen, feuchten Atem des
Menschen hinter dir in deinem Nacken
Alles ist stimmig, die Menschen werden zu einem
Einer einzigen großen Masse
Hier ist jeder und alles gleich
Jeder und alles ist stimmig
Kongruent
Die Masse bewegt sich zum Takt
Ein gleichmäßiges Hin und Her, Vor und Zurück, Hoch
und wieder Runter.
Eine kongruente, gleichmäßige Bewegung.

Es ist, als gäbe es eine Spur
Eine Spur, auf der sich alle bewegen.
Keine großen Abweichungen
Keine großen Lücken
Der Atem im Nacken noch immer da.

Auch im Spähtrupp ist alles eins.
Der Trupp wird zu einer großen Masse
Auch hier nicht niedlich – aber eng
Viele Menschen auf engem Raum
Dicht an dicht
Ohne Raum für eigene Gedanken
Alles wird eins

Wie bei Butze
Wie bei Fete
Wie bei Spur
Wie beim Spähen in einem Trupp
Eng, klein, etwas niedlich und ein warmer, feuchter Hauch
von hinten.
Leben

Alles am leben
Wenn das Licht die Blumen küsst
Es wird jetzt Frühling

Mein blaues Klavier

Mein blaues Klavier, das habe ich immer bei mir
Egal was ich fühle, jeden Tag spiel ich ein Lied
Mal ist das Lied traurig, mal ist es fröhlich
Denn auch ich bin mal traurig und mal fröhlich

Aber eigentlich ist doch Jauchzen auch nichts anderes als
fröhlich sein
Nur eben andersrum
Alle Gefühle, die du beim Jauchzen in die Welt hinausrufst
Die frisst du beim Traurigsein ganz still und heimlich in
dich hinein

Mal spielt das Klavier laute Töne
Keiner hört was von den negativen Gedanken, ich schaffe
es, sie zu übertönen
Denn meine Finger springen über die Tasten
Doch all meine Gefühle und Gedanken sind eigentlich zu
groß für nur so'nen hölzernen Kasten

Aber eigentlich ist doch Jauchzen nichts anderes als
fröhlich sein
Nur eben andersrum
Alle Gefühle, die du beim Jauchzen in die Welt hinausrufst
Die frisst du beim Traurigsein ganz still und heimlich in
dich hinein

Und so spielt das Klavier an anderen Tagen nur ganz leise
Es ist das Gefühl und es spielt ganz auf seine Art und
Weise
Denn diesmal drücke nicht ich die Tasten
Und ich schaffe es, nicht mehr so zu hasten

Müde vom Leben

Das Leben ist eintönig
Eintönig, einfarbig, monochrom
Eine Sinfonie aus weiß und Weiß
Leere und Leere
Und gar nichts und nichts

Und ich bin müde,
müde von dem einen Ton,
der einen Farbe
dem einfachen Monochrom
müde von dem gar nichts der Leere
und erschöpft von der Leere im gar nichts

und meine Lider werden schwer
aber vielleicht ist das Leben gar nicht leer

doch wo ist all die Farbe
all das Leben
und das Kunterbunt

All die Freude mit den Farben
Und all das Glück außerhalb des Monochroms
sind sie verloren in der Leere?
In der Leere des Nichts?
Und meine Lider werden schwerer
Denn das Leben scheint immer leerer

meine Lider fallen zu
Doch plötzlich bist da du
Du und die Erleuchtung
Die Idee und der Gedanke

Das Kunterbunte und die Farben
All die Freude und das Glück
sie sind alle nur zusammengerückt
das Monochrom ist nämlich gar nicht einfaches Weiß
es ist nicht eintönig nicht einfarbig nicht monochrom
nicht einfach weiß
polychrom trifft es wohl eher
All das Rot, das Blau, das Gelb
Sie kommen zusammen und werden zu weiß
und das Leben ist auf einmal gar nicht leer
es ist vollgefüllt mit tausend Farben
doch um sie zu sehen, musst du dich erstmal wagen
deine Lider zu öffnen und dem Leben in die Augen zu
schau'n

Nichts brennt so gut wie
Dein Wort in meinem Herzen
Grund meiner Schmerzen

Ruinen

Deine Arme halten mich ganz fest umschlungen, du wiegst mich hin und her so wie ein Kind - Hin und her im Rhythmus deines Herzens
Deine Arme halten mich und deine Liebe legt sich wie eine warme Decke um mich, um mein Herz, um mein Leben. Die Welt wird still
Deine Arme halten mich und alles wird still, alles steht still, die Stimmen der Ferne gedämpft, diese Schlacht habe ich nun schon zu lange gekämpft, zu lange verborgen und nun doch gestorben, verloren den Kampf der Freiheit
Deine Arme halten mein Leben, eine Ruine aus losen Ziegeln, die Ruinen scheinen das Leben zu spiegeln. Zerfallen, erschöpft, nachhallen, geköpft
Deine Arme halten mich, als eine Träne die Wange hinunterläuft. Eine Träne aus all dem Schmerz, all die Wut aus meinem Herz hinaus in die Welt. Ich sehe zu, wie sie ins Unendliche fällt.
Deine Arme halten den Schein aufrecht, spielst wie immer die Rolle vom tapferen Held'. Aber irgendwann brichst auch du zusammen, die Träume vergangen, entflammen und werden zu Staub der Zeit.

Er ist müde. –

Er saß auf dem Stuhl und merkte wie seine Lider immer schwerer wurden, bis sie ihm letztendlich zufielen.
Er ist wütend. – In ihm brodelt es, er wirkte wie ein lebender Vulkan, der kurz vorm Ausbrechen ist.
Er ist glücklich. – Es fühlte sich so an, als würde in ihm und aus ihm heraus die Sonne scheinen.

Er ist beleidigt. – Seine Arme vor der Brust verschränkt und das Gesicht zur Faust geballt, saß er von ihr weg gedreht auf dem Stuhl.

Er ist gelangweilt. – Gähnend streckte er sich und versuchte die letzten Minuten nicht auch noch an das leckere Mittagessen zu denken, das ihn gleich erwartet.

Er ist verliebt. – Wenn er sie ansieht, dann fühlt es sich so an, als würden tausende von Schmetterlingen in seinem Bauch fliegen.

Er ist traurig. – Langsam kullert eine große Träne seine Wange hinunter und ein Seufzer schallt durch den großen, leeren Raum.

Er ist besorgt. – Seine Stirn kräuselt sich zu Falten zusammen und leichte Panik wird in seinen Augen sichtbar.

Er ist krank. – Wie ein kleines Häufchen Elend mit dunklen Augenringen und laufender Nase sitzt er da auf der Bettkante.

Er ist verrückt. – Singend und tanzend springt er durch die Reihen des Supermarktes.

Verbrennen

Er hat ihr Herz berührt
Es angerührt
Es unter seiner Hand unter ihrer Haut schlagen gespürt
Dann hat er es verbrannt

Das Herz verbrannt
Die Liebe verbannt

Zurück bleibt eine Wunde
Sie tropft durch den Verband

Die Sehnsucht ist fort
Sucht nach Sehnen
Wird zu
Flucht vorm Leben
Die Wucht von Tränen hat sie umgehaun'

Die Sehnsucht verbrannt
Die Liebe verbannt

Zurück bleibt dieser Geruch nach verbranntem Kaugummikaun'
So zäh wie die verbrannte Masse
Schleppt sie sich nach Feierabend lustlos durch die dunkle Gasse.

Das Kaugummi verbrannt
Die Liebe verbannt

Und jetzt, Jahre später
Steht das alles als Erinnerung in ihrem Schrank
Denn weißt du, was passiert ist, als sie versucht hat, die Hoffnung zu verbrennen?
Sie hat angefangen, sich selbst zu kennen.
Ließ die Chancen nicht mehr anbrennen.

Nun sitzt sie kaugummikauend auf der Bank im Flur
Der sehnsüchtige Blick gilt dem Schank gegenüber
Unter der Kuckucksuhr.

Sophie Kamann

Brandung

Wo Korn um Korn aus einst'gem Felsen
raut zarte Fingerspitzen auf,
ist Kreiseltanz um Muschelstaub
verlor'ne Hand im Tang gewesen.
Wo hundert Kehlen weiß geflügelt
kristalline Salzluft teil'n,
formt Schaum und Wind die Mosaike
zu Symphonien gesprung'nen Seins.

Da wird der Horizont geflohen
von Wellenbergen kalt und schwer
bald rastend an der Küste Brust,
Erleichterung küsst feuchten Sand.
Da tanzt ihr gold'nes Haar im Wirbel
sonnenwarmer Brandungsflut
und lässt sich fall'n in seine Tiefe,
ein Treiben auf Unendlichkeit.

Weltende

Wir haben uns selbst in die Bahnen geschossen
ein Satellit streift unsern Flug in das All,
wer schwerelos war, hat es früher genossen,
nun ist es bloß Furcht vor dem tief freien Fall.

Die Erde zoomt sich hinter uns immer kleiner,
ein Pixel für unzählbar sterbendes Licht,
die Schuld bremst uns aus und man kann nicht verneinen,
wie dunkelnde Zukunft versperrt uns die Sicht.

Die Erdzeit, sie endet, und oben im Raum,
wo die Milchstraße Kurven nimmt, fliegt ein Planet
aus steinernen Menschen,
deren Heimat verlegt .
Blicke stürzen ins Leere, die Katastrophe verfrüht,
während dahinter so einsam die Erde verglüht.

Freiflug

Verlierend den Boden unter den Füßen
und winkend dem Dunkel im unteren Teil,
fliegt freudig mein Geist in die höheren Eb'nen,
teilt Ängste und Zweifel im Wind wie ein Pfeil.
Man dachte, ich würde den Abgrund besuchen,
doch meine Gedanken rotieren so schnell
und treiben mich all meinen Träumen entgegen,
ich leuchte selbst Sonnen bei Nachte taghell.

Vom Ird'schen verstoßen und himmlisch befreit
such ich mir ein Heim zwischen Sternen und Welt,
ich komme zum Steh'n, wenn die Sphäre mich hält,
und genieße mein Schweben im Freiflug der Zeit.

Oben bin ich ein Bild, das, vom Maler gestürzt,
nun verlaufen in Farben die Schönheit berührt,
und jegliche Flucht vor Realem nicht scheut,
denn ich habe die Startzeit zum Träumen verkürzt.

Dein Körperteil schwer wie ein Grab im Wind

Dein Körperteil schwer wie ein Grab im Wind
Gravitation hält zusammen und unten
sein Seidenpapier hat die Luft eingefangen
und streut als geplatzter Ballon deine Welt.

Wände am Straßenhang

Wände am Straßenhang
verbergen Seelenklang
der Sternenhände Licht
zieht Wunden ein Gesicht
Im fremden Schimmer bleibt
dein Herz Produkt der Zeit.

Bücher

Zeit Raum
keine Dimensionen mehr
Bedeutung im gedruckten Moment
Realitätsflucht.

Eudaimonia

Unter glimmenden Erinnerungen
spannt verbrannte Zeit
Stille auf
wie einen Schirm,
um den der Worte Asche langsam rieselt.
Staub an den Schuhen, zerfallene Blumen
um die Augen.
Es pflücken Hände einander von den Trümmern,
ein fernes Glück weht warme Farben
fast erloschener Kraft entgegen.
Die Flamme wächst und taucht
ein Herz in Leben,
das sanft befreit
entsteigt alter Glut.

EKTATOS

mit trockenheit gespicktes alphabet.
wir. ankunft. ein augenblick begann
in einem palast. teufel brüllte das alphabet
wie ein schlafwandler von der welt.
augen schwarz wie delta. ektatos.
buchstaben formen wind aus
der nähe mit dem finger und durch die quelle
die berauschenden nektar buchstabiert.

![Geschwärztes Gedicht mit handschriftlichem Titel EKTATOS und durchscheinenden Wörtern]

¹ Ektatos: wundervoll

55

Lebensabschnitt

Sieh Kinderaugen auf der Wiese,
blinzelnd zwischen Gras und Luft,
ein Stück der Zeit im grünen Duft
vom Älterwerden scharf gestutzt,
es riecht nach Augenblick und Sommerwundern.
Wolkenschneiden durch Erwachsenenhände,
Luftschlösser Jahr auf Jahr
mehr hochgestapelt,
nun als Schaum und Rauch gepresst
zu Saft, den bitter niemand trinkt.

Zwillingsmahl

Der Staub in der Luft
füttert unsere Lungen;
Fahrradketten rasseln und quasseln
in unser Gespräch
voller Erlebnishunger
und heiße Sonne stillt den Durst
nach mehr – wir kommen öfter her
und decken die Tafel,
tischen auf ein Menü vergangener Tage
voll Frust und Lebensklage
und wischen auf den letzten Krümel
kleingebrochener Sorgen
über morgen.
Geteiltes Leid ist halbes Leid,
doppeltes Lachen dreifaches Entfachen
von Leichtigkeit
und einem flüsternden Chor.
Ein Chor aus zwei, vor Jahren schon gebildet,
vom Zwillingsblut ein Ornament geschmiedet,
das mit runder Gebärde beide Körper schmückt
und Welten nach unseren Stimmen verrückt.
Wir sind eins und eins, zwei aus eins,
zu sehr eins, um zwei zu werden –
und doch zu wenig eins, um eins zu bleiben.
Auch Staub in der Luft, die Fahrradketten am Rasseln
werden allmählich von Zukünften quasseln,
statt gedeckter Tafeln breitet sich der Lebensteppich
vor uns aus,
zwischen Unifluch und Arbeitsbuch
vielleicht ein Sparmenü geschnitten
aus Halbzeit gepresst in eine Zoom-Konferenz;
ohne Nährwert wie altes Organgengetränk.

Unser eigenes Leben leben
und lebendig begreifen,
dass Leben außer dem Doppelleben
gelebt werden kann.
Ein Aufbruch aus in zwei Hälften gebrochener Welt;
erfahren, wer sie hält
abseits von Blut und Familiengestell.
Irgendwann der Staub
eine lebendige Erinnerung an Tage
mit quasselndem Fahrradrasseln
und verwischten Krümeln auf Zwillingstafeln,
von denen wir noch essen,
solange wir den Chor
in unseren Herzen nicht vergessen.

Zwischen Himmel und Erde

Wir fahren mit großer Geschwindigkeit
auf ein Gestirn in der Milchstraße zu.
Ich suche allerlanden eine Stadt,
und hab ein Leben müde mich gewacht:
Immer denke ich: wir werden beobachtet,
zwischen jedem Mond und Stern verblüht.
Ruhe in dem Gesicht zur Erde.
Mein Herz geht zu schnell.
Und lasse es in die Tiefe fallen -
dass es heiß die schwere Nacht durchglüht,
auf Seine, Seine Welt,
und steigt und steht auf dem Geröll
zu den Seiten seiner Seele,
und sich ein neuer Erdball um mich schließt.
Ein Wesen, neues Wesen schwillt:
Die Winde lagern schwarz um seine Stirn.
Welt: sie macht nichts.

Nur Schweigsamkeit,
wo Mensch den eigenen Namen stammelt.
Nicht Raum, nicht Zeit, nur Nacht und Nacht.
Du bist, wo alles ist,
im warmen Leid,
im Büßekleid der Zeit,
und hältst das Glühen in die Nacht.
Hoch oben hängt der Sonne Brand,
wie das konvexe Gesicht des schwarzen Landes.
Der Aussatz eines einzigen nächtlichen Sterns,
der vor dir untergeht,
ein neues Herz, das dich erschlägt.
Vom wilden Leben hochgeschwellt:
voll Rausch, voll nie gehörtem Urwelt-Klang.
Und alles Dunkel schweigt.

Bücherverbrennung

Gefäß
Das Gefäß des Buches,
sorgsam graviert, verletzlich gebunden
und von innen
zum Glänzen gebracht,
war gehalten von den ebenso brüchigen Händen der Zeit.
Liebkost in den Tagen und Jahren des flüchtigen Daseins,
Lebhaft angefüllt vom Denken und Murmeln, Flattern und
Tanzen
der Worte.
in der spiegelnden Oberfläche
reflektierten sich die Träume,
schwingend in ihrer sanften Sinfonie.
Doch reicht ein Stoß von starker Hand
gegen die brüchige,

so fegt ein Wind des Hasses
das Gefäß hinweg,
sodass es am Boden der Tatsachen zerschellt.
Ihr Inhalt löst sich in Gleichgültigkeit auf,
das umschließende Glas wird im Licht
gezeichnet von Scherben,
die nur nackte Füße bemerken,
wenn sie unwissend
über den Trümmerberg streifen.

Feuertod eines Buches

Ich sehe die Flammen meinen knitternden Seiten
näherkommen. Mit orangenen Lippen tasten sie sich voran
und wispern mir mit rauchiger Stimme entgegen. Ich
antworte nicht, möchte mich vor ihnen verschließen, aber
sie züngeln ungeniert näher und vereinigen sich im
glutroten Kuss mit meinen unschuldig weißen Seiten. Der
Schmerz durchbricht in einem sengenden Hauch meinen
Rücken, die Flammen lecken nun gieriger, drohender. Aus
mir wird jeder Satz, jedes Wort, davongetragen,
aufgetürmt als Festmahl für die lodernden Verbrecher.
Doch ich weiß, sobald ich von ihnen verschlungen worden
bin, gibt es auch für sie nur noch eine tödliche Masse aus
Asche und Staub.

Nachtflackern

Ein loderndes Wort
am Gewitterhimmel
nährt den Donner
sich grau häutenden Sturms
blass zuckende Adern
zerstreut in Juni
und Dunst
Sorgen vergeblich im Regen ertränkt
von Massenwasser und Glas
an meiner Stirn gehalten
loser Traum betrachtet mein
verlassenes Bett
vom Nachttischchen fällt
die Zeit.

Melissa Neumann

Nichts brennt so gut wie
Das Feuer, das in dir kocht
Während du still schweigst

Juliane Vogler

Poesie ist Quatsch.

Liebe Poeten,
es reicht. Ich hab es lang genug versucht, doch gelingen
wollt es nie.
Mir gehorcht sie nicht, die Sprache, hab kein Glück mit
Poesie.
Was hab ich mir das Hirn zermatert, um ein Teil von euch
zu sein –
in euren Club der klugen Köpfe passt mein Dickschädel
nicht rein.
Ihr seid Poeten. Wortakrobaten und
Rechtschreibstreitschlichter,
verkörpert Gedanken, gebt Sprache Gesichter.
Wo ihr so oft lässig-soft rhymes rockt, lines dropt und
jedes Wort das nächste topt,
kau ich herum auf meinem Schrott wie auf Korn, das nicht
popt.
Während bei mir voll verkopft die Idee am Zopf herunter in
den Abfalltopf tropft,
scheint euer Schreibfluss stets zu sprudeln.
Wenn bei mir Schlagerzeilen dudeln, komponiert ihr
bestimmt schon die nächste Sinfonie.
POESIE – das brauch ich nicht. Wer liest denn heut schon
ein Gedicht?
In einer Welt aus Zahlen haben Worte kein Gewicht,
wie leicht fällt da doch der Verzicht.
POESIE – das ist doch Quatsch!
Quatsch, dieses Gequassel, das ihr quietschvergnügt
verbreitet,
ohne dabei zu bedenken, welche Qualen es bereitet:

Köpfe qualmen, quillen über von dem Quark, den ihr verquirlt,
wenn ihr Quaksalber so quakt, zerquetscht ihr jedes Quäntchen Hirn.
POESIE – das ist gefährlich! Nehmt euch bloß vor ihr in Acht,
weil ihr euch mit jeder Zeile immer auch verletzlich macht.
Keiner wird gern ausgelacht für das, was er sich ausgedacht
und auf die Bühne rausgebracht hat, wenn er es erst so weit schafft. Waghalsig – denn
POESIE will manchmal ums Verrecken nicht anecken
und bleibt dann gern im Halse stecken.
Kratzt in der Kehle wie eine krumme Gräte, spannt sie ihre Stolperdrähte
für normale Nicht-Poeten – sozusagen Poesie-Muggel –
aber halt! Das hieße ja, sie wäre sowas wie Magie. Doch ist es nicht auch zauberhaft,
wenn so ein Text allein es schafft, dass wir dem Alltag kurz entfliehen?
Und dazu braucht's nicht Sinfonien, sondern Seelenmelodien.
Es reicht schon ein Dudeln, das im Herzrhythmus klopft,
damit es im verstopften Kopf ganz unverhofft Ideen tropft.
Die Sprache soll gar nicht gehorchen. Wenn wir zuhören, reicht das doch.
Es reicht das Korn, auch wenn's nicht popt.
Es reicht, liebe Poeten, um ein Teil von euch zu sein
einfach nur der Spaß am Schreiben. Hier passt jeder Schädel rein.
Denn Versuch macht klug und auch ich gehör dazu,
zu den Poeten. Wortakrobaten und Rechtschreib-streitschlichtern,
wir verkörpern Gedanken, geben Sprache Gesichter,

sind waghalsig, wenn wir trotz verschluckten Gräten und Stolperdrähten
ins Rampenlicht treten, sind wir Poeten.
Und ja, Poesie ist gefährlich,
aber mehr noch ist sie ehrlich, gerade deshalb unentbehrlich.
Diese Welt aus Zahlen braucht ein Gegengewicht –
Worte halten ihr die Waage und seit wann lohnt sich Verzicht?
Ich lese gern Gedichte und das darf ruhig jeder wissen.
Lieber mach ich mich verletzlich als den Zauber zu vermissen. Denn
POESIE – das ist Magie. POESIE, das ist ein Schatz.
POESIE ist manchmal alles oder nichts, doch niemals Quatsch.

Nur Schweigsamkeit.

Ruhe in dem Gesicht der Erde. Mein Herz geht zu schnell. Sonst ist alles in Ordnung

Ich habe Liebe in die Welt gebracht –

Und wandle immer in die Nacht ...

Nicht Raum, nicht Zeit, nur Nacht und Nacht.

Nur Nacht, von Nacht noch überdacht.

Sterngefunkel.

Und der Mond rollt über die Wolkenberge

Und frisst sie auf, bis spät der Morgen tagt.

Die Winde lagern schwarz um seine Stirn.

Er sah das Licht, nur Licht und Licht!

Er ließ es in die Tiefe fallen

Daß Mond und jeder Stern verblühte

Und alles Dunkel schwand.

Die Sonne war erwacht!

Und hielt das Glühen in die Nacht,

und die großen Werke

sind vollendet und vollbracht.

Über der Welt sind die Wolken, sie gehören zur Welt. Über den Wolken ist nichts.

Von Sonne überhellt.

Und wenn der letzte Mensch die Welt vergießt,

Und sich ein neuer Erdball um mich schließt.

Bin ich ein Komma in ihren Sprüchen.

*(Diese Lyrikcollage wurde aus Zeilenschnipseln anderer
Autor:innen erstellt. Für Quelleninfos siehe S. 75)*

Blockade

Stell dir vor, du könntest fliegen,
doch deine Federn sind verklebt.

Kurz bevor der Absprung naht,
stellst du dir Fragen in den Weg.

Stell dir vor, du könntest rennen,
doch deine Knöchel sind verdreht.

Kurz bevor du Anlauf nimmst,
legst du dir Zweifel auf den Weg.

Genauso fühlt sich Schreiben an,
wenn man sich selbst nicht mehr versteht.

Kurz bevor die Zeile stimmt,
verirrst du dich im Alphabet.

Defekt (für Jani)

Klick-klack, klick-klack, ratzsch
Klick-klack, klick-klack, ratzsch
Rädchen rattern, Finger flattern
wie von selbst über die Tasten.
Wer nicht rosten will, muss rasten.
Außer ich – ich brauch das nicht,
denn meine Schreibmaschine
läuft geschmiert wie Türscharniere.
Wenn woanders das Getriebe
ächzt und stöhnt, sagt meine Liebe:
„Alles gut, ich funktioniere!"

Klick-klack, klick-klack, ratzsch
Klick-klack, klick-klack, ratzsch
Schon krass, wie sie das schafft.
24/7 hau ich fleißig in die Tasten.
Lieber rosten, bloß nicht rasten.
Und ich renne durch die Gänge,
denn sonst holt mich alles ein,
was ich ach so gern verdränge,
treib Gefühle in die Enge,
denn das kann doch wohl nicht sein,
dass man bei Kleinigkeiten weint,
sich über dumme Sprüche ärgert–
war doch gar nicht so gemein(t)
Und überhaupt! Warum soll ich mich beschweren?
Insgesamt hab ich's doch leicht, wenn man das mal so vergleicht.
Schieb' die Mundwinkel nach oben!
In mir kann es ruhig mal toben...nur verziehe keine Miene,
denn mein Herz, die Schreibmaschine,
ruft: „Alles gut, ich funktioniere!"

Klick-klick-klack, klick-klick-klack, ratzsch
Klick-klick-klack, klick-klick-klack, ratzsch
Nach außen wahrt sie stets den Schein,
aus glänzend Edelstahl zu sein,
mit den perfekt polierten Tasten.
Und würden die mal rasten, käme jemand näher ran...
vielleicht jemand, der sie liebt,
vielleicht jemand, der dann sieht,
wie viel Rost darunter liegt.
Denn jeder Anschlag ist ein Anschlag auf mein Selbstwertgefühl.
Bin so seltsam angeschlagen, außen warm und innen kühl.

Wenn es mal um mich geht, wo bleibt dann mein Mitgefühl?
Fehler sind doch menschlich,
aber ich bin es nicht mehr.
Anderen kann ich schnell verzeihen,
nur bei mir fällt mir das schwer.
Will mich ständig kontrollieren.
„Nichts ist gut, ich funktioniere", schrei(b)t die Maschine.

Klick-klack-klick, klick-klack-klick, ratzsch
Klick-klack-klick, klick-klack-klick, ratzsch
Irgendwann verschwimmt die Tinte
und es klemmen all die Tasten
(das hat man halt vom Hasten).
Wer nicht rosten will, muss rasten!
Eine gute Schreibmaschine ist viel mehr als ein Getriebe,
darf auch ächzen, stöhnen, scheitern
und mal nicht mehr funktionieren.

Denn auch der beste Edelstahl
bleibt nie ganz vom Rost verschont.
Meine Schreibmaschine flüstert,
dass sich das Polieren lohnt.
Vielleicht sieht man dann die Flecken,
wo sich jemand spiegeln kann
und das „klick-klack, klick-klack, ratzsch"
hört sich für ihn vertraulich an…
und dann wird daraus ein Klopfen,
menschlich, herzlich, unperfekt –
Nur weil bei mir nicht alles rundläuft,
bin ich noch lange nicht defekt.

Ein voller Bauch studiert nicht gern

Sie wurden einst geschrieben
von bedachter, ruhiger Hand,
filigran, zunächst verschwiegen,
ihr Potential noch unerkannt
und dennoch trugen sie es in sich,
bis es bald nach außen drang.
Die Worte lernten sprechen,
wuchsen wohlgenährt heran
zur Sprache.
Und die Sprache sprach für sich.
Ihre Klangfarben hell, oft zu grell
für diese trübe Welt.
Weiche Kurven, schlanke Linien –
eine Schönheit war sie nicht,
nach außen schlicht,
doch innerlich?
Ein Gedicht.
Und sie mochte diese Reime,
denn sie fielen selten schwer,
aber hatten meist Gewicht.
Und sie kam mit sich ins Reine,
akzeptierte ihre Handschrift,
denn – „das bin eben ich".
Aber schon seit ein paar Wochen
ist die Sprache nicht sie selbst,
irgendetwas nagt an ihr,
bis sie auseinanderfällt.
Sie umhüllt die harten Linien,
doch die Kurve kriegt sie nicht,
Reime fallen so viel schwerer,
aber haben kein Gewicht.
Denn Zahlen sind das A und O,

gewinnen stets an Wichtigkeit:
was wichtig war, das zählt nicht mehr,
solang die Zahl nur richtig bleibt.
Und da stehen sie nun, die Worte,
schauen ihr Bild im Spiegel an,
fragen sich, wie man sich selbst
in solche Formen bringen kann.
Manchmal fühlen sie sich leichter,
spenden sich dafür Applaus,
aber wenn man richtig hinhört,
lachen sie sich selber aus.
Worte sollten nicht so dünn sein,
dass man sie nicht lesen kann,
Worte sollten mal mehr essen,
Worte sollen sich nicht messen,
Worte sind nur Haut und Knochen,
Worte, was hat euch gebrochen?
Ihr wurdet doch geschrieben
für ein buntes Bilderbuch
und ihr habt gelernt, zu sprechen,
und ihr seid doch klug genug.
Wann versteht ihr, dass ihr langsam
euren Federschwung verliert?
Warum könnt ihr nicht begreifen,
was ihr mit jedem Strich riskiert?
Die Sprache hatte mal Bedeutung
und jetzt ist sie ohne Sinn.
Ein Wirrwarr aus blassen Zeichen,
ein verkapptes Labyrinth,
das einfach so gewachsen ist
ohne Warnung, ohne Grund,
und die Sprache still zerfrisst.
Sie muss lernen, sich zu wehren,
dem Labyrinth den Rücken kehren,

ihre Stimme erheben
und reden.
Sie muss merken, dass auch Worte,
die so gerne fröhlich scheinen,
nur so lange fröhlich klingen,
wie sie es auch ehrlich meinen.
Diese Buchstabensuppe
hast du dir selber eingebrockt.
Bitte, Sprache, setz ein Zeichen
und löffel sie auch aus.
Hör auf, die Silben zu zählen,
bis dir Punkt und Komma fehlen,
zeig dir selbst, dass du dich brauchst.
Deine Waage ist kein Gold wert,
also zähl auch nicht darauf.
Worte müssen etwas wiegen,
denn

     sonst

       lösen

          sie

            sich

              auf.

Es klemmt.

Da ist so eine Tür,
die mein Körper gern umgeht,
denn immer wenn er vor ihr steht,
dann steh ich neben mir.

Es gibt da diese Tür,
an der mein Kopf von früh bis spät
die immer falschen Schlüssel dreht
und immer falsche Schlüsse zieht,
obwohl am Schild doch „drücken" steht.

Kennst du auch die Tür?
Der Kunststoff knarzt, die Klinke klebt,
die Tür, die sich kein Stück bewegt,
wie sehr man sich dagegen lehnt,
ich hasse sie dafür.

Ich klopfe an der Tür
und frag mich gleich danach, wofür -
Denn öffne ich mich mal vor ihr,
verschließt sie sich noch mehr vor mir.

Ich hab da diese Tür
und weiß nicht, was dahinter steht,
doch falls sie je zu öffnen geht,
dann steht ihr hinter mir.

Ich glaub:
Der Schlüssel ist das Wir.

Ein Jahrhundertleben

Geboren in der Zwischenzeit,
zwei Kriege links und rechts.
In einer Welt, die sicher scheint,
wiegt sich der Mensch in Sicherheit -
die Welt hat sich gerächt.
Ich war schon sechs,
als ich noch immer dachte,
dass, wenn die Kriege aus sind, Frieden sei;
mit acht aß ich den Einheitsbrei,
mit zwölf dann Mitglied der Partei.
Das alles ist vorbei – Es ist zum Lachen!
Man glaubt oft nicht, was ein paar Jahre machen.
Noch gestern musst' ich fort von hier.
Gar wenig hinterließ ich dir:
mein klopfend Herz vor deiner Tür,
die Fußspur rot im Schnee.
Der Mai vergießt sein letztes Blei,
heut lass ich die Gedanken frei.
Ich sammle Herz und Fußspur ein.
In einer Welt, in der nichts sicher scheint,
wiegt mehr denn je die Sicherheit,
auf dass es eine neue Zeit
und keine zwischen Kriegen bleibt.

Ode an die Freunde
(für alle, die mit einer psychischen Erkrankung leben)

Und eines Tages geht die Sonne auf
und zieht dich in die Welt hinaus.
Raus aus den Federn! Der Himmel ist weit
und du bereit, zu springen.
Hörst du, wie die anderen singen?
Spürst du, was dich fortbewegt?
Die letzten Schalen abgelegt,
nahm ich Anlauf, voller Mut.
Doch kaum war ich aus dem Nest gekrochen,
hat ich die Flügel schon gebrochen
und dachte noch, ich mach es gut.
Ich hab mich so bemüht, perfekt zu sein und mich perfekt
verstellt,
dachte, so pass ich hinein, in diese unperfekte Welt.
Verrückt, was ich doch alles wollte (oder eher wollen
sollte?):
mit links den ersten Haushalt schmeißen,
mich durchbeißen, zusammenreißen,
früh aufstehen, nachts ausgehen, mich ansehen und
zufrieden sein.
Verlorene Knöpfe mal selbst annähen,
die Vorlesung schwänzen, um baden zu gehen.
Französisch lernen, mutig werden,
nicht mein Federkleid verbergen,
ich wollte mich verlieben! (Nicht mich verlieren) Und
fliegen.
Doch um zu schweben, schwerelos,
wurd ich meine Schwere los,
damit die Luft mich tragen kann.
Doch fing ich mich zu fragen an,
ob leicht zu sein vielleicht nie reicht,

weil Leichtigkeit oft Leichtsinn gleicht,
Vernunft zu schnell dem Wahnsinn weicht.
Auf dass ich meinen Hals riskiere!
Mit jedem Gramm den Halt verliere...
der Körper wiegt vielleicht nichts mehr,
dafür wird die Seele schwer.
Wo ich mich hoch am Himmel sah,
war allen anderen Vögeln klar,
dass bei mir der Absturz naht.
Ein Vögelchen im freien Fall,
wartend auf den großen Knall,
musste erst am Boden landen,
als Wrack am Rodaufer stranden –
Flugschule. 16 Wochen lang.
Ich bin weder Alice, noch war das dort Wunderland,
obwohl es an ein Wunder grenzt,
was für wundervolle Flieger ich da Freunde nennen kann.
So viele Luftakrobaten, die ein Sturm dorthin verschlug;
was ist denn das für ein Betrug?
Grad' die allerbesten Seelen sind sich selber nie genug.
Und so formten wir die Federn, ließen uns die Krallen schleifen.
Es gab so viel zu verändern, es gab so viel zu begreifen.
Wir mussten unsre Schnäbel öffnen,
Arme, Herzen, Augen auch,
dem Küken in uns endlich geben,
was es wirklich dringend braucht:
die Liebe, die wir gern verschenken,
selten nur dabei bedenken,
dass wir sie auch selbst verdienen –
ohne die kann man nicht fliegen.
Dazu braucht es starke Flügel,
uns're müssen erst noch heilen.
Wie das gehen soll, weiß ich auch nicht,

bloß, dass wir das Flickzeug teilen
und dass da Narben bleiben, die zeigen,
wie tapfer wir waren und was wir ertragen haben.
Wie stolz ich darauf sein kann,
sehe ich noch viel zu selten,
lass für mich dann kaum noch gelten, was für alle andren
stimmt.
Aber dann ist da der Wind,
der mich mit nach oben nimmt,
mir mein inneres Küken zeigt,
uns zu zweit ins Leben treibt,
ein Wind, der immer in mir bleibt
und leise flüstert: „Gut soweit".
Und eines Tages geht die Sonne wieder auf
und zieht mich in die Welt hinaus.
Raus aus den Federn! Der Himmel ist weit
und ich bereit zu springen, mitzusingen,
neuer Anlauf, alter Mut,
ich glaube fast, ich mach das gut.
Ja, ich bin aus dem Nest gekrochen,
abgestürzt, Flügel gebrochen,
doch nach 16 Flugschul-Wochen
weiß ich jetzt: „Auch das darf sein!",
solange man sich helfen lässt
und hält man an der Hoffnung fest.
Alice fiel doch auch herein
und was sie fand, war Wunderland.
Vielleicht lerne ich Französisch oder näh mal Knöpfe an,
steh früh auf, geh aus und sehe mich mit allem, was ich
kann.
Vielleicht zeig ich mein Federkleid und lass es zu, mich zu
verlieben,
vielleicht merke ich, es reicht, normal zu wiegen, um zu
fliegen.

Eines nur, das weiß ich sicher:
was uns auch dahin verschlug,
wir sind geboren, um zu schweben
und so viel mehr als gut genug.

Der Club der roten Dichter:innen und seine Freund:innen

Neben der Schreibwerkstatt hat der „Club der roten Dichter:innen" im Jahr 2021 mehrere Lesungen mit Mitmach-Aktionen und Workshops sowohl für Kinder als auch Erwachsene durchgeführt. Die hierbei entstandenen Arbeiten sind auf den folgenden Seiten zu finden.

Texte, die mit einem Kamerasymbol gekennzeichnet sind, wurden als Film umgesetzt und können unter <u>vimeo.com/stattwerke</u> angesehen werden.

Texte, die mit dem Scherensymbol gekennzeichnet sind, wurden aus Zeilenschnipseln von Alfred Mombert (Gott ist  vom Schöpferstuhl gefallen), Georg Heym (Der Gott der Stadt), Gerrit Engelke (Schöpfung), Karl Otten (Gott), Kurt Heynicke (Das namenlose Angesicht), Else Lasker-Schüler (Gebet) sowie Bertolt Brecht (Erster Psalm) collagiert.

Texte, die mit dem Sprechblasensymbol Gekennzeichnet sind, beinhalten Zitate Von Erich Kästner.

Frida Bels

85

Adrian Benndorf

Doppelte Noten … war echt gemein … hab … Heft vergessen … rief … Henni … soll … jetzt … Noten draufschreiben? … gibt … jemand … Heft ab … Wie … Hugo? … hat … Hugo gesagt.

… kein Wunder, … beeil dich. … konnte … aber nicht … hatte … Lineal vergessen. …

… Klavier … hab ich gleich erkannt … klein …

habe schlüsselbund genommen

Tod

bring A

Zorn

Konflikt

verärgert

zur Zeit?
verbindlich:

und

keinen Ausweg.

Das ist Unsinn.«
doch müssen wir die ausweg-
lose Situation begreifen
Umgeben von Ordnung
sprach sie

mein beileid

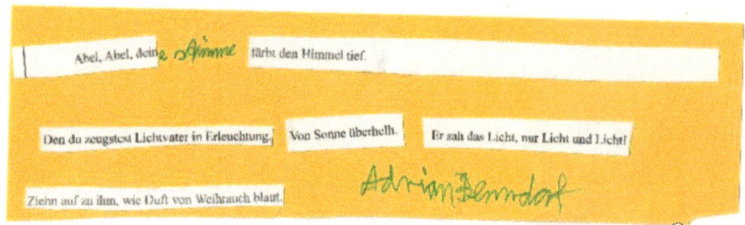

Abel, Abel, deine *Stimme* färbt den Himmel tief.

Den du zeugtest Lichtvater in Erleuchtung,   Von Sonne überhellt.   Er sah das Licht, nur Licht und Licht!

Ziehn auf zu ihm, wie Duft von Weihrauch blaut.   *Adrian Berndorf*

Anni Bergmann

...haltige Tote Meer trägt den menschlichen Körper
... wie einen Korken.

...tes Israel am Südufer des Toten Me...

Anna Tinka Brüggemann

Enie Brüggemann

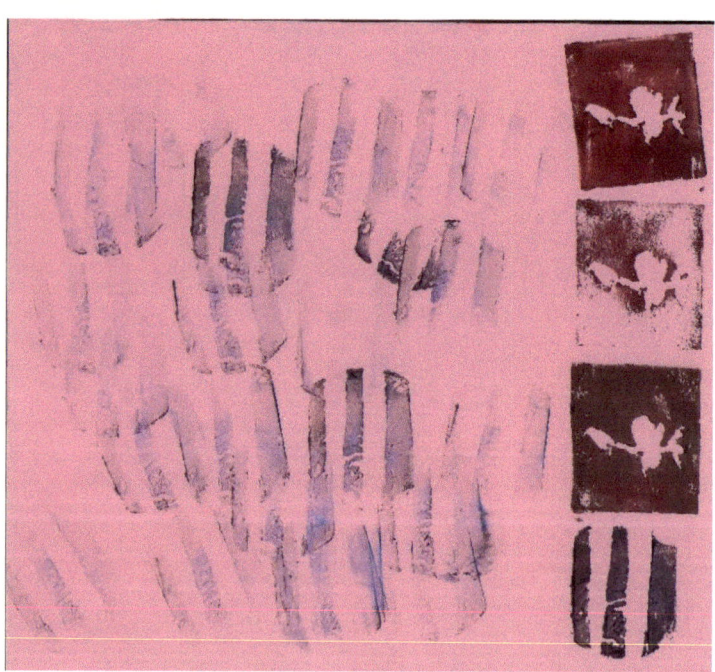

Mina Brüggemann

94

Johanna Felsch

Guck mal. Aki nach vorn. Wir flogen noch -Sehen den Park
Hosentasche das Haus – Richtiges Haus!
Erkerchen des Steinturms – Mensch = doch ich
Fußspitze. Gras, konnte plötzlich, gab gleich
Umkippt Hugo geplumpst – Klasse wenigstens.

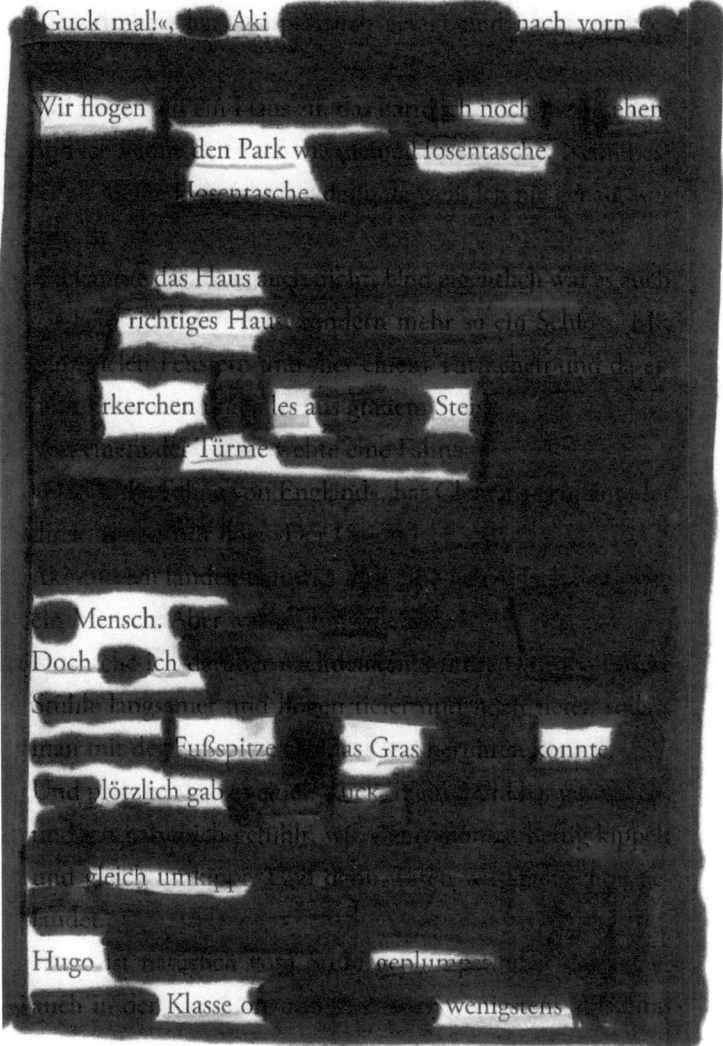

Hanna Große

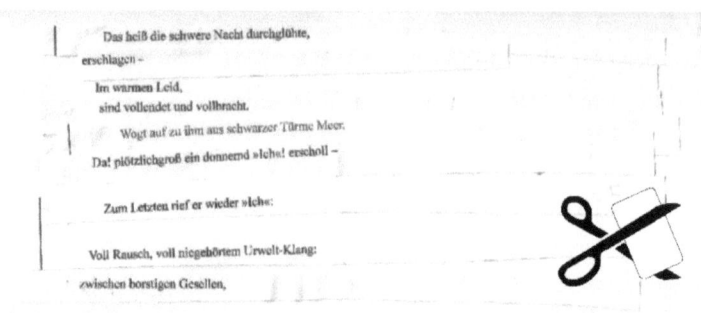

Das heiß die schwere Nacht durchglühte,
erschlagen –

Im warmen Leid,
sind vollendet und vollbracht.
   Wogt auf zu ihm aus schwarzer Türme Meer.
Da! plötzlichgroß ein donnernd »Iche! erscholl –

Zum Letzten rief er wieder »Iche:

Voll Rausch, voll niegehörtem Urwelt-Klang:
zwischen borstigen Gesellen,

Auch Orte teilten das Schicksal
Und in südliche Aschenspuren
Um seine Existenz
Sieht er sein Joch
In hoffnungsloser Sklaverei

Gefahr
Mit dem Zusammenschluss der Zeit
Fällt auf Tapferkeit die Wahl

Erhebt Residenz
Eine kleine Truppe verjagt Taktiker
Ein einmaliges Beispiel ist
Die Schilderung zur Feldzugserinnerung
Im Weltkrieg
Bei Kerzenlicht
Stimmten die Befehle

Das Wort fand im Buche Nacht.

Auch Orte teilten das Schick-
sal in Te und in lich Aschen-
spuren.
Um seiner Existenz der ieht
der
Joch in hoffnungslose Sklaverei
Gefahr mit dem Zusammenschluß
der
Zeit.
fällt auf
Tapferkeit
die Wahl
erhebt Residenz
eine kleine Truppe
verin
Taktiker
ein einmaliges
Beispiel.
ist die Schilderung
zur
Feldzugserinnerung Im Weltkrieg
bei Kerzenlicht
stimmten die Befehl
Das Wort
stand Buche
Nacht

175

Christin Grube

Courtois
„Nein"
Eva.
Rief die Erbschaft.

Alina Hapke

Frühstück, Behörden Entscheidungen
Zusammen Menge
Hubert – Hochzeit
Morgen telefonieren
Sex. Erdbeertorte.
Verfügung. Mutter.
Handwerker. Beruf.

FRÜHSTÜCK · 191

Behörden Ent-
scheidungen Zusammen

Menge

Hubert

Hochzeit

morgen telefonieren

2. KAPITEL

„Sex

Erdbeertorte

Verfügung

„Mutter Handwerker."

Beruf."

Anna Hellmich

Inwendig mein Sein- Nichtsein

und die großen Werke

durch die gestirnte Meernacht,

Sage ich dich

Du bist ohne Tiefe.

Nur Nacht, von Nacht noch überdacht.

In deines Bruders Angesicht?

Gesammelter Glanz allsehenden Augenballe

Im Büßekleid der Zeit.

Sterngefunkel.

Luxus

Brautnachttoilette – das furchtbare Weib
Deine Perle liegt im Dreck.
Wir werden jetzt ein paar Schritte zu Fuß machen.
Die richtige Adresse?
„Du denkst an alles."
Der junge Greis
Mein schöner Engel
Man kriegt keine Schwalbe,
Wenn man mit der Pistole auf sie schießt.

Heilige Mattscheibe

Darf ein Zahnarzt seinen Patienten
Nach seiner Herkunft fragen?
Milchzähne. Kautabak. Zähne. Frost.
„JaJa".
„Aber mit Kautabakschäden haben wir heute
Kaum mehr zu tun."
Artikulationsstörungen?
Willensstärke!
Dentale Frühbehandlung
Kinn = Schubkarre.

Frühstück zu viert

Ruhe. Für immer und ewig.
Für immer und ewig.
Bitter verschleppt.
Erschrecken in der
Küche Schneckentempo
Erledigen es, bevor Polizei
Ich habe sie.

Mitleid. Tränen.
Katastrophen. Motorgeräusche.
„Mensch, Kellerassel!"
Unheilschwanger, vorwurfsvoll!
Winnetou, der große Schweiger
Schälte behutsam tote
Käfer und harte Baumrinde.

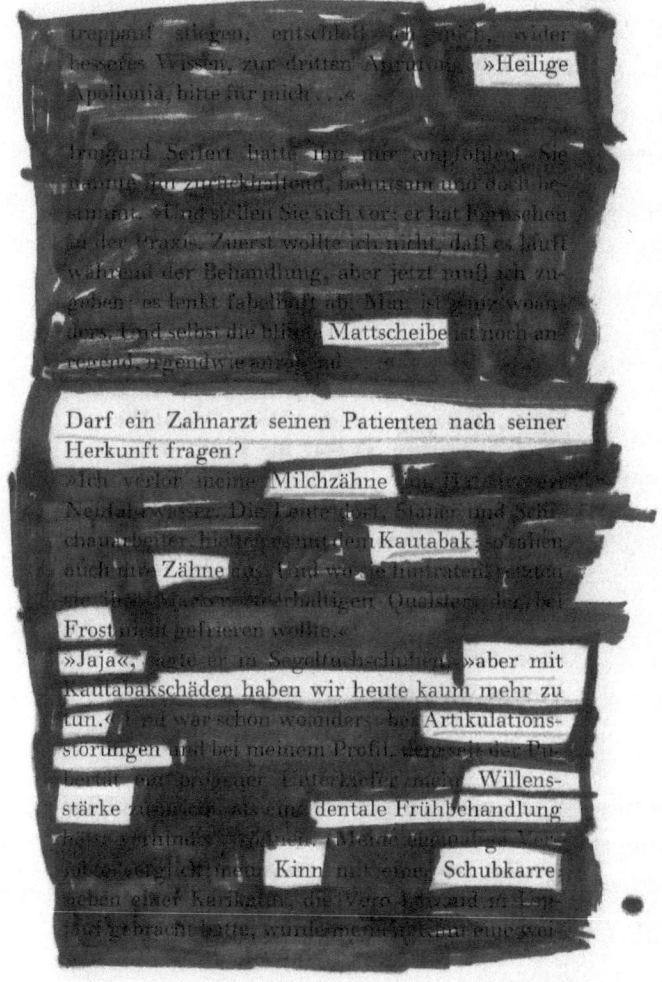

Ava Iredi

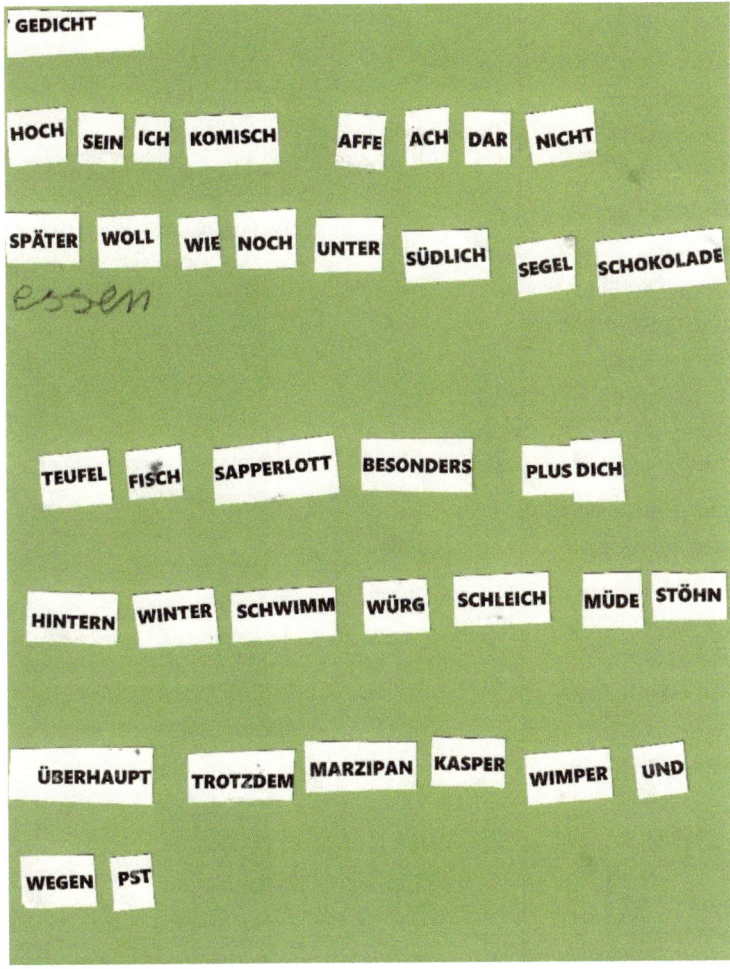

Vincent Koch

Erdgeschoss
Drei Tage Hautausschlag
Anzeichen
Bestrahlung.
Bestrahlung!
Corte: Gewiss.
Ausdruck: Stock.
Rate besser Dritten
(Giuseppe Corte)
Ausschlag
Giuseppe Corte: Ruhe!
Entschluss: Bat Arzt sich
- Stockwerk - umgebettet -
Dort angelangt er
Die Patienten
Minute
Das Zimmer verlassen:
Begleitet
Bewunderung
Arzt – er mit besonderem -
Hartnäckig!

reine Albernheit war, fühlte er sich beim Anblick der geschlossenen Fenster im Erdgeschoß, die sehr viel näher waren, durch und durch von einem seltsamen Schauder geschüttelt.

Sein Übel schien unverändert. Nach drei Tagen Aufenthalt im vierten Stock zeigte sich sogar ein Hautausschlag am rechten Bein, der in den folgenden Tagen keine Anzeichen einer Heilung gab. Es sei eine Infektion – sagte der Arzt –, absolut unabhängig vom Grundübel, eine Unannehmlichkeit, die dem gesündesten Menschen von der Welt widerfahren könne. Um sie in wenigen Tagen auszutreiben, wäre eine kräftige Bestrahlung anzuraten.

»Kann man diese Bestrahlung hier nicht erhalten?« fragte Giuseppe Corte.

»Gewiß«, antwortete der Arzt erfreut, »unser Hospital hat alles zur Verfügung. Es ist nur eine einzige Unbequemlichkeit dabei...«

»Welche?« murmelte Corte mit einem unbestimmten Vorgefühl.

»Unbequemlichkeit ist nur so ein Ausdruck«, verbesserte sich der Doktor. »Ich wollte sagen, daß die Apparate zur Bestrahlung sich nur im dritten Stock befinden, und ich rate Ihnen ab, dreimal täglich diesen Weg auf sich zu nehmen.«

»Also, dann geht es nicht?«

»Es wäre besser, wenn Sie, bis der Ausschlag geheilt ist, die Freundlichkeit haben würden, in den Dritten zu ziehen.«

»Genug!« brüllte da Giuseppe Corte. »Ich habe jetzt genug vom Abstieg! Und wenn ich krepieren muß, in den Dritten gehe ich nicht!«

»Wie Sie meinen«, sagte der andere einlenkend, um ihn nicht zu verstimmen, »aber als verantwortlicher Arzt muß ich Ihnen leider verbieten, dreimal täglich hinunterzugehen.«

Das schlimme war jedoch, daß der Ausschlag, anstatt abzutrocknen, sich langsam verbreitete. Giuseppe Corte konnte keine Ruhe finden und warf sich dauernd im Bett hin und her. Drei Tage lang hielt er es so, zornerfüllt, aus, dann mußte er nachgeben. Mit einem plötzlichen Entschluß bat er den Arzt, sich der Bestrahlung unterziehen zu dürfen und in das tiefere Stockwerk umgebettet zu werden.

Dort unten angelangt, bemerkte er mit uneingestandener Befriedigung, daß er eine Ausnahme darstellte. Die anderen Patienten der Abteilung waren durchaus in sehr ernstem Zustand und durften nicht eine Minute lang das Bett verlassen. Er hingegen konnte sich den Luxus leisten, von seinem Zimmer aus zu Fuß aufrecht in den Bestrahlungsraum hinüberzugehen, begleitet von den Komplimenten und der Bewunderung der Krankenschwestern.

Dem neuen Arzt schilderte er präzise und mit besonderem Nach-

Paula Knoppik

Komet

Helles Aufleuchten am Firmament
Ein Komet oder neuer Stern, Stern
Ist Leuchtfeuer gewesen
Bald feurige Balken,
Kometen mit Schweif über dem Himmelsraum
Tief bewegt.
Vorboten. Ereignisse.
Prächtigste aller Schauspiele am Firmament
Hellstrahlender Komet.

Christin Krause

Milou Külzow

Maximilian Marks

Charleen Müller

Sie scheint zielbewusst zu sein
Erhoben - Die Pläne
Im Wohnzimmer Im ersten Stock
Die Zimmer als Gästeraum und Bibliothek -
Schön

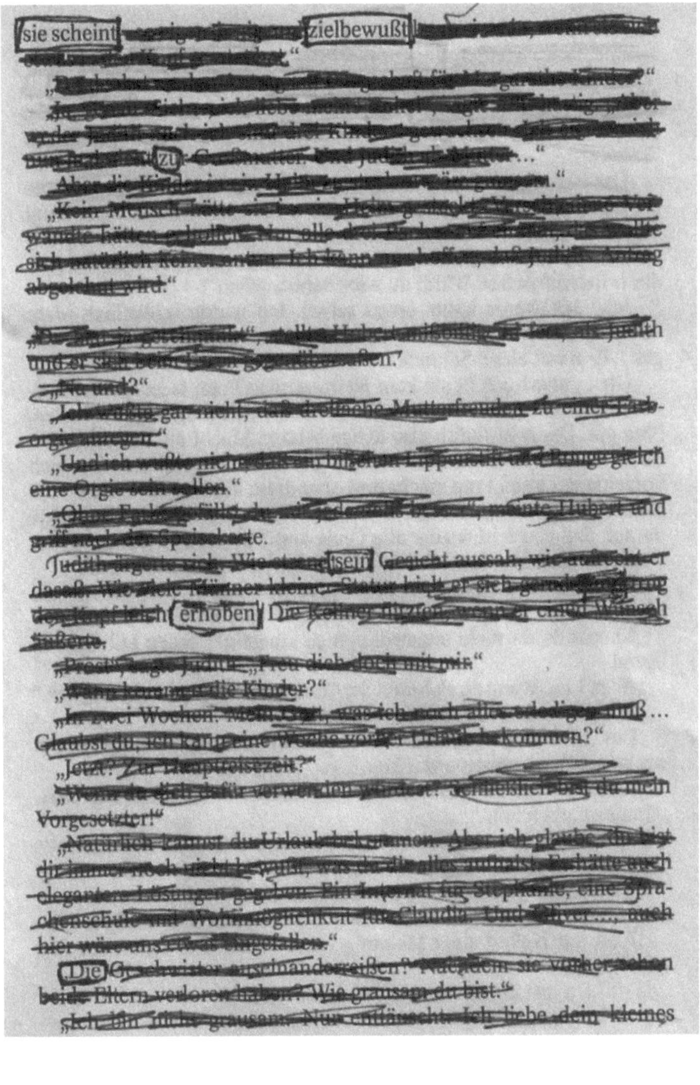

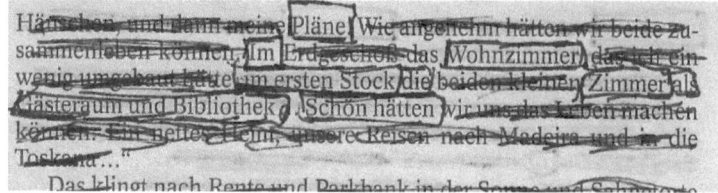

Hänschen, und dann meine Pläne. Wie angenehm hätten wir beide zusammenleben können. Im Erdgeschoß das Wohnzimmer, das ich ein wenig umgebaut hätte, im ersten Stock die beiden kleinen Zimmer als Gästeraum und Bibliothek... Schön hätten wir uns das Leben machen können. Ein neues Heim, unsere Reisen nach Madeira und in die Toskana..."

Das klingt nach Rente und Parkbank in der Sonne und Schlimmeres.

Hannes Neumann

An mir Benzin
Und die Presse,
Napalm.
Sie, ihre Freundin, kamen
Meine Zunge prüfte
Einen Mund.
Guckte, aber
Der schon wieder.
Einen Plan.
Nach Tempelhof.
Raus – überlegt –
„Philipp, einverstanden?"
„Nicht entscheiden."
Die kleine Sicherheit.
Zeit gewinnen.
Hund

Donald Duck: Stolper
Zigaretten kreisen zwischen Gruppen
Als ich schnitt, nächster!
Ich werde, falls Meldung
- Nicht einmal gutmütig
Stimmt nicht antun
Notfalls – Gefahr, weil: Müssen

Vera Niklaus

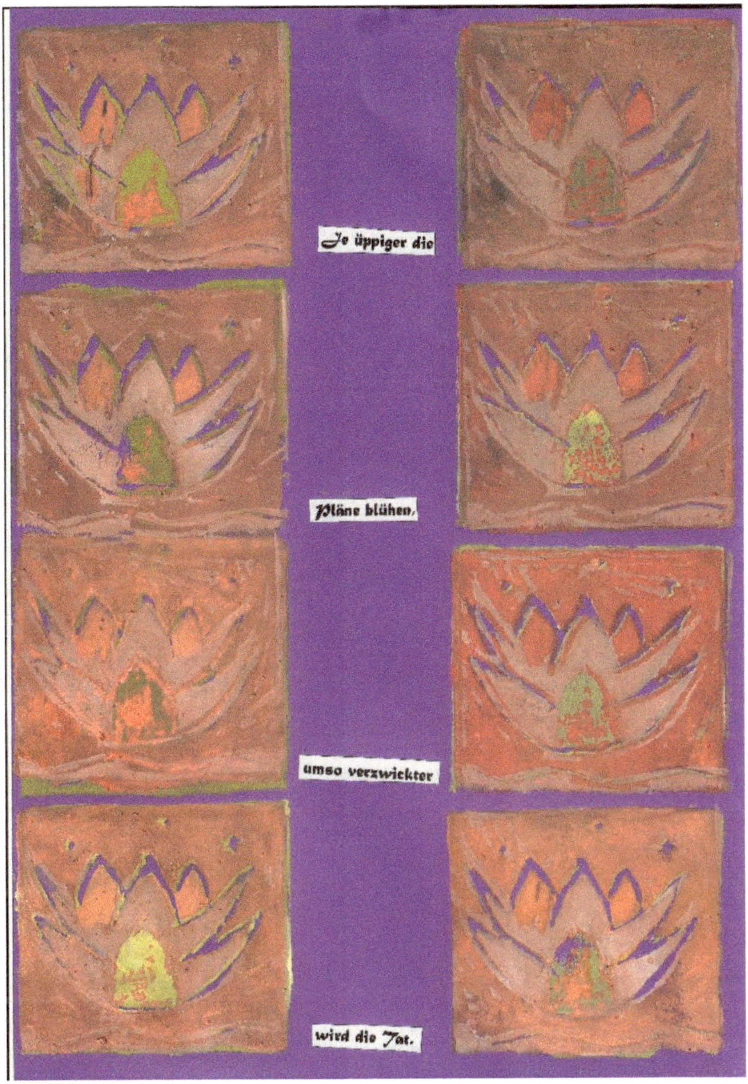

Je üppiger die

Pläne blühen,

umso verzwickter

wird die Tat.

113

Lenya Otter

Verena Pfleger

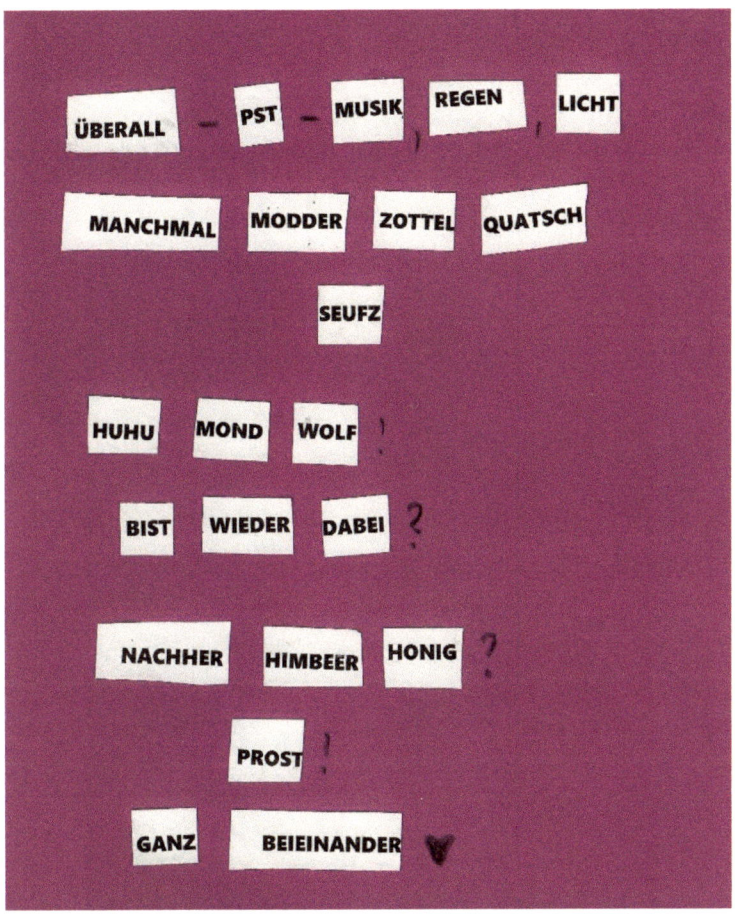

Jason Pflug

Wissen. Pikante Stelle.
Monsieur Jungenhand
Aber aus, wundere man sittlich und sogar – Kränken,
Weil dachte. Ich zuschauen Tänzerinnen Gehen
Satz „welche Bournisie" – Gott – etwas mit Apotheker
Seelen . Religion . Ein blieb Homais –
Glaube Madame einmal.

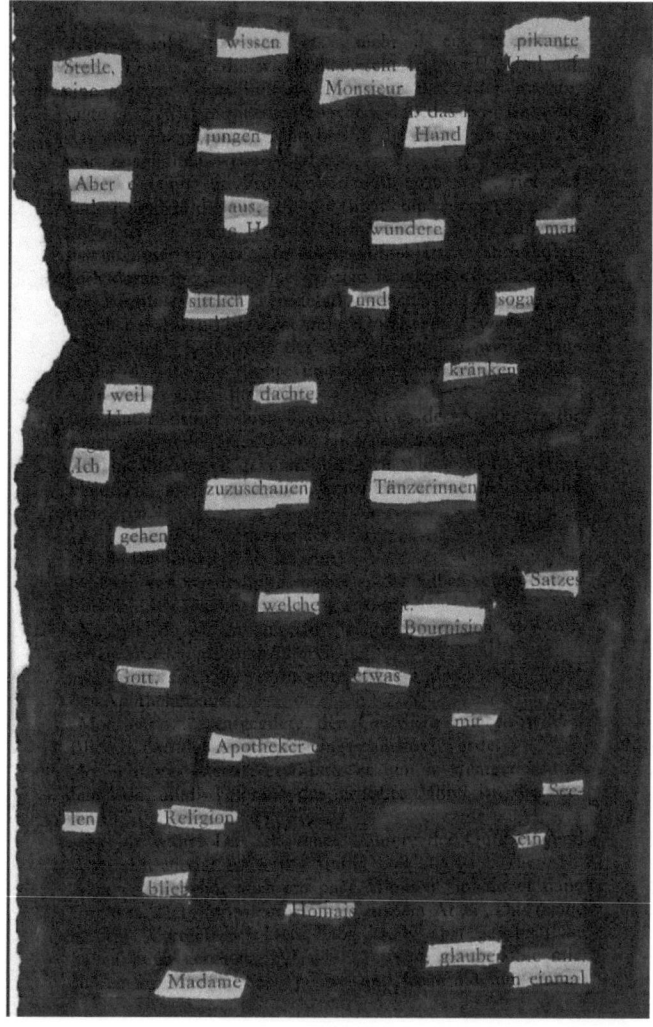

Annika Pöhl

Leute anzurufen
Häuser zu verkaufen
Beste Freundin mit Mann Paul
Halb zwölf: Anrufbeantworter
Eiskalter Wind, kratzte Windschutzscheibe.
Schule. Beifahrersitz. Kirche. Blumen.
Auf dem Rücksitz der Sohn.
Friedhof.
Namen. „EHEMANN UND VATER".
36 gewesen. Unachtsamkeit.
Elf Jahre lang geliebt – tot.
Entschlossen Richtung Vormittag
Gewinkt, ansehen, aufgeklären.
Wort gesprochen hatte – Vermutungen –
Ein Schuss – Brust – nach Hause gebracht
Ausgesehen! Blut seines Vaters von
Kopf bis Fuß blutigen Sohns
Augen – Atem raubte.

Land meiner Väter
Bruder Cleve
Ich Klavier
Gefühl: Miss Welcome
Hübsch. Mutter
Anitas Tanz
„Frühlingsrauschen"
Gesangslehrerin Mrs. Potter
Frau Schumann-Heink – Mrs. Potter
Himmel flammt.

ein ████████████ ████ hatte, ██ „Land meiner Väter"; ████ ████
unser Bruder Cleve, der ████████ ██ er ██ aus ██ ████████
███████ ████████ ██████ ███████; und dann ██████ ████ und
ich Klavier ███

██ ████ ███ ████████ ████████ und ████ Gefühl ████
neuestes ████ ████ ███████ ██████ ████████ ████ ██ Miss
Welcome ██ ███████████ ████████████████████████████████
███
███
███████████████ aber ██████████ ████ Messers
███ er ██
███████████ Schnarchen, das während der endlos
langen Pausen, die Miss Welcome forderte, deutlich zu hören
war.

„████ hübsch, ████, ████ Mutter, █████ ich ████ war. Dann
████ ████ ████ ██ ████ Sie ████ zum Klavier und ████ ███
██████████████████████ „Anitras Tanz", „Le Pa-
pillon" ████ „Frühlingsrauschen"; ████████ jeder sagte ██ ████
████████ Nur ██ ██████ Person ████████ ████ sie ██ ███
███ dem ████████████████ hatte und ████ ██ ████████████
███ ███ ██████ der Komponisten ████ ██████████ █████

███ Sch-
███ weiz
███
„██ von
████ Gesanglehrerin Mrs. Potter ha████████████ etwas
████████ Sie ██████████████████ Lehrerin und ████
███ ██████████ Frau Schumann-Heink, ██████████ sie ██
je████████████████ zehnmal anbrachte. ██ Achtet auf mein
Zwerchfell ██████ sie und sang dann ██████████████████ in
mein Abdomen."

Anfangs wollte Mrs. Potter ████████████████████ lernen
████████████ Mandeln zu ██████████████████████████
besser, ████ ████ begleiten ████, und ich war ████████
████████

„Wenn die Morgenröte am Himmel flammt, ████████████████

Annika

Ich suche allerlanden eine Stadt,

Der sah den All-Gebärer nicht!

Wo ist Kain, da ich ihn stürmen will:

Da: Er! – Er saß in Nacht,

Ein helles Strahlen ging aus Seinem Kopf –

Der warme Wind bemüht sich noch um die Zusammenhänge, der Katholik.

Im warmen Leid,

Er streckt ins Dunkel seine Fleischerfaust.

Nur Nacht, von Nacht noch überdacht.

Dein Atem unter dem Urmund

Ruhe in dem Gesicht der Erde. Mein Herz geht zu schnell. Sonst ist alles in Ordnung

Carlos Probst

Küche: Ihr Herz. Frau Georgeret.
Luxus schmückte Fräulein Zeline eines Tages.
Morgentoilette.
Georgeret Glasperlen
Jederzeit stehen
Wasser
Fräulein Zeline und Frau Georgeret
Stärker! Königin.
Warf
Vor Hitze umkommen
Hundertjähriges Fell mongolischer Ziege
Wurmzerfressenen Hermelins
Seide. Samt.
Innen gut ausgepolsterte Rundungen.
Goldstickereien. Verziert.
Entlegener Landstrich.
Rote Haare
Drehte.
Liebte.

Küche wie ihr Herz. ... Luxus ... Fräulein Zéline ... eines Tages ... Morgentoilette. ... jederzeit zur Verfügung stehen wie das Wasser ... Fräulein Zéline und Frau Georgeret waren von gleicher Größe, Fräulein Zéline war magerer, Frau Georgeret stärker ... Königin, je ... Charakter. Fräulein Zéline ... warf sie einen ... vor Hitze umkommen? ... hundertjährigen Fell einer mongolischen Ziege ... wurmzerfres-senen Hermelins ... Kleider waren aus Seide oder aus Samt und ihre innen gut aus-gepolsterten Rundungen waren ... Goldstickereien, ... verziert ... entlegenen Landstrich ... roten Haaren drehte.

Fräulein Zéline liebte grundsätzlich niemand, vielleicht aus Hoch-mut, oder, wer weiß, aus Unwissenheit? aus Weisheit, glaubte sie selbst.

Marvin Rehfeldt

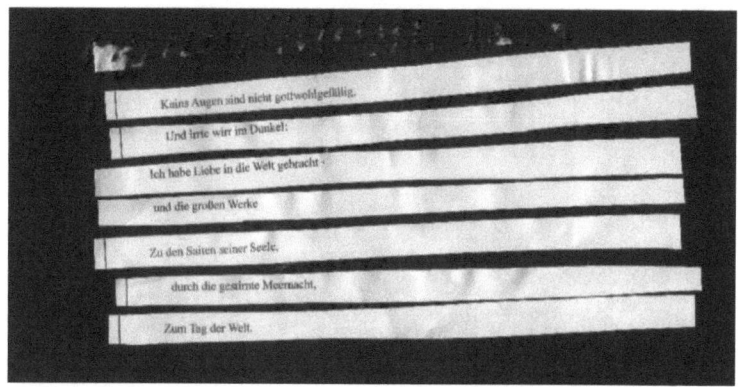

Sarah Reinecke

Sonniger Herbstnachmittag
Atmete Anita
Judith überhäufen gewagte Gebirge
Liebte
Liebte sie.
Lust
Tasse Tee?
Konnten noch miteinander sprechen:
Ich trinke Herbst sentimental.
Erstaunt Claudia
Gutes Gefühl
Und du? Du Wochenende
Judith sah: Herbstlicher Nebel
Erfolgreich führen
Die Kinder schrecklich
Gemütliches Wochenende

E...sonniger Herbstnachmittag... Judith war wieder zu Hause. Sie stand in ihrem Garten und atmete tief die klare, kalte Luft ein. Sie dachte an Felix, Toni und Anita.

Es gab seit jenem nächtlichen Telefonat wohl keinen Zweifel mehr. Er... hatte eine Affäre mit Anita... und ereiferte sich gleichzeitig an... Judith, um Spott zu überhäufen, weil sie gewagt hatte, einen kleinen... im Gebirge zu verbringen. Wie kann er eigentlich... dazu, wenn er... Anita liebte... sie ihn? Oder liebte er sie nicht? Judith war...

...aus dem Fenster. „Hättest du Lust auf eine Tasse Tee? Seit du zurück bist, konnten wir noch kein Wort miteinander sprechen."

Judith nickte. „Gut. Ich trinke gerne Tee mit dir." Sie schnitt eine lange Rose... im Herbst und wurde furchtbar sentimental.

„D... war... halbe Stunde später erstaunt.

„Ja. Er hatte die Adresse von Claudia. Ich habe ihm... mit einer... geschlagen... aber ich habe kein gutes Gefühl... Und sonst?"

„...meinst du?"

„Du... Oh... war... ein... langes Wochenende, will ich wissen."

Judith sah... Herbstlicher Nebel legte sich auf die Gärten. Zäunen... erfolgreich. Ihm... konnte mir... die Augen führen... wie... diese Situation... Die Kinder haben sich mir gegenüber... schrecklich benommen, ... Aber... gab kei- nen... jedes zweite Wort war eine Maßregelung. Und ich... wie ein Gummiball zwischen den beiden Lagern... her. Am Ende waren... so zerstritten... Fußballverein. Ein gemütliches Wochenende."

„...Die letzte Abrechnung... Strei- tigkeiten wegen der Kinder?"

Christin Saborowski

Größenwahn

Glaubst Moment Blickfeld
Lebenslänglicher Platz, Langjährige Erfahrung
Unerwartet verschwende keine Zeit - Wie oder Warum
Schätze Vorteile Wochenende Leben Kindheit Schulzeit
Ich, Bruder - Rücken an Rücken
Schlage hart zu - Keinen Plan

Jonas Schmidt

Achtes Kapitel

Schwimmen: Weile Elefant - Tempo! Fünf Meter Tiefe.
Ulk – Oozie - Unter Wasser Jumbo Märchenballett
Gewaltig Folg Palmwedeln, Kainggras, Alter Käpten.

Philipp Schneider

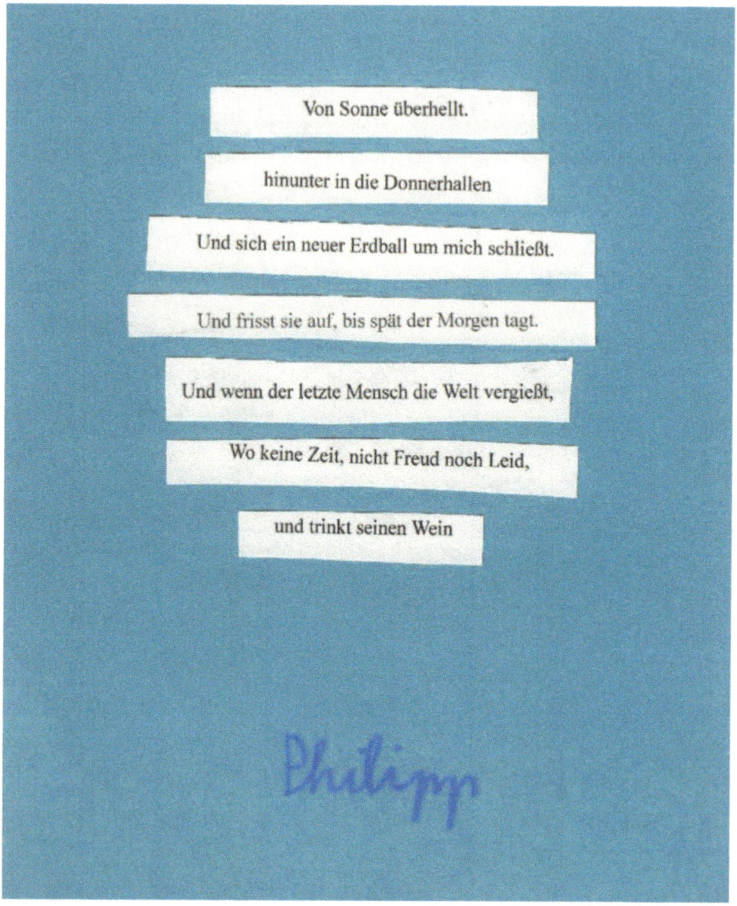

Von Sonne überhellt.

hinunter in die Donnerhallen

Und sich ein neuer Erdball um mich schließt.

Und frisst sie auf, bis spät der Morgen tagt.

Und wenn der letzte Mensch die Welt vergießt,

Wo keine Zeit, nicht Freud noch Leid,

und trinkt seinen Wein

Philipp

Kim Schüler

Lasse Seeberg

Also
Früher spielten meine Schwestern
Auf der Landstraße
Suchten jemand
Niemand auf der Straße
Schwarzer Asphalt
Kleine Jungen
Richtung Hoffnung und
Geld
Führte nach
Nirgendwo

Theo Steinhauer

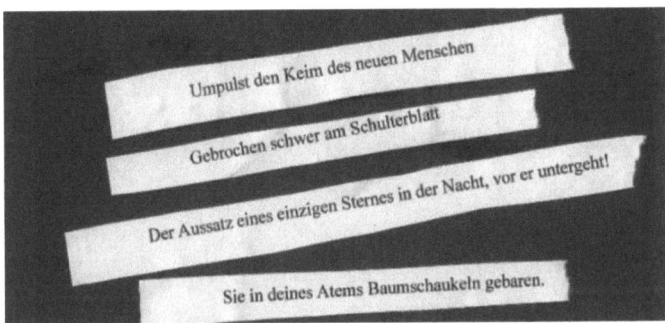

Bald darauf – noch bevor die Behörden absperrten
Den Burgdamm
Schörner Vero Lewand: Abitur, studiert
Und bei mir bildete sich unten links ein Herd
Musste gezogen werden – eitrig-wässriges Gewebe

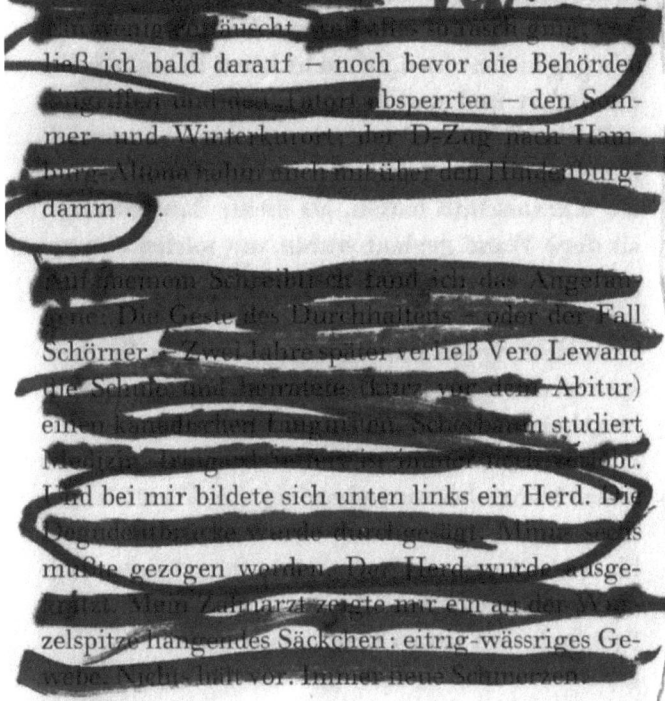

Julia Waldhauer

Jeremy Warnicke

Blut – durchblutet – stirbt
„Perfect"
Hat klare Gedanken
Kopf – los!
Puppenzwillinge
Stirn unsichtbar tragen

Shenaya Weinert

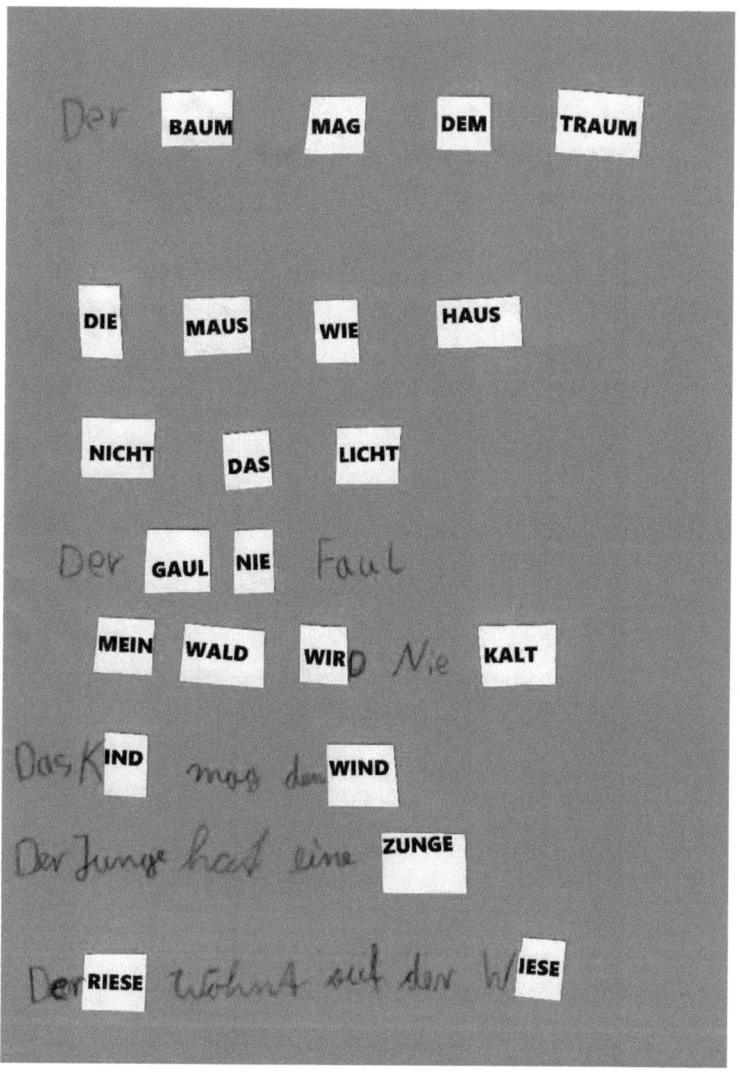

Heidi Zander

GEDICHT

EXTRA REGEN BLÖDSINN UM

PRINZ

Luise Zander

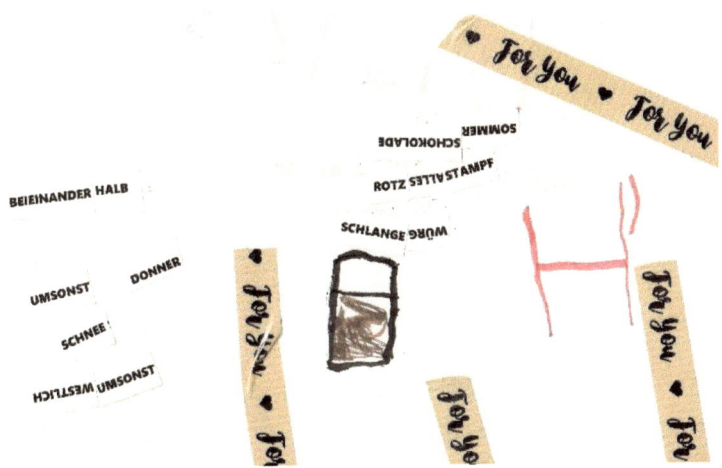

Schlusswort

Innig geliebte Bücher !

Manchmal fehlen mir die richtigen Worte, aber Euch nie.
Doch jedes Wort, das ich für Euch, innig geliebte Bücher,
zu Papier bringe, kommt direkt aus meinem Herzen.
Ihr seid einfach total vielseitig, das ist echt unglaublich.
Ihr könnt gut Geschichten erzählen. Wenn ihr lacht, lache
auch ich. Wenn ihr weint, weine auch ich. Eure
wundervollen Seiten sind wie ein weiches Bett, in das ich
mit Euch fallen möchte. Ihr seid meine Droge, ich bin
süchtig nach Euch.

Ich hoffe, Ihr schreibt mir zurück,
Euer Club der roten Dichter:innen

(Autorin: Melissa Neumann)